張圓明阿闍梨年譜

鄧家宙 編著

張圓明阿闍梨年譜

鄧家宙——編著

責任編輯 許穎
裝幀設計 簡雋盈
排版 楊舜君
印務 劉漢舉

出版 中華書局（香港）有限公司
香港北角英皇道 499 號北角工業大廈一樓 B
電話：（852）2137 2338 傳真：（852）2713 8202
電子郵件：info@chunghwabook.com.hk
網址：http://www.chunghwabook.com.hk

發行 香港聯合書刊物流有限公司
香港新界荃灣德士古道 220-248 號
荃灣工業中心 16 樓
電話：（852）2150 2100 傳真：（852）2407 3062
電子郵件：info@suplogistics.com.hk

印刷 美雅印刷製本有限公司
香港觀塘榮業街六號海濱工業大廈四樓 A 室

版次 2021 年 12 月初版

規格 16 開（255mm×155mm）

ISBN 978-988-8760-53-4

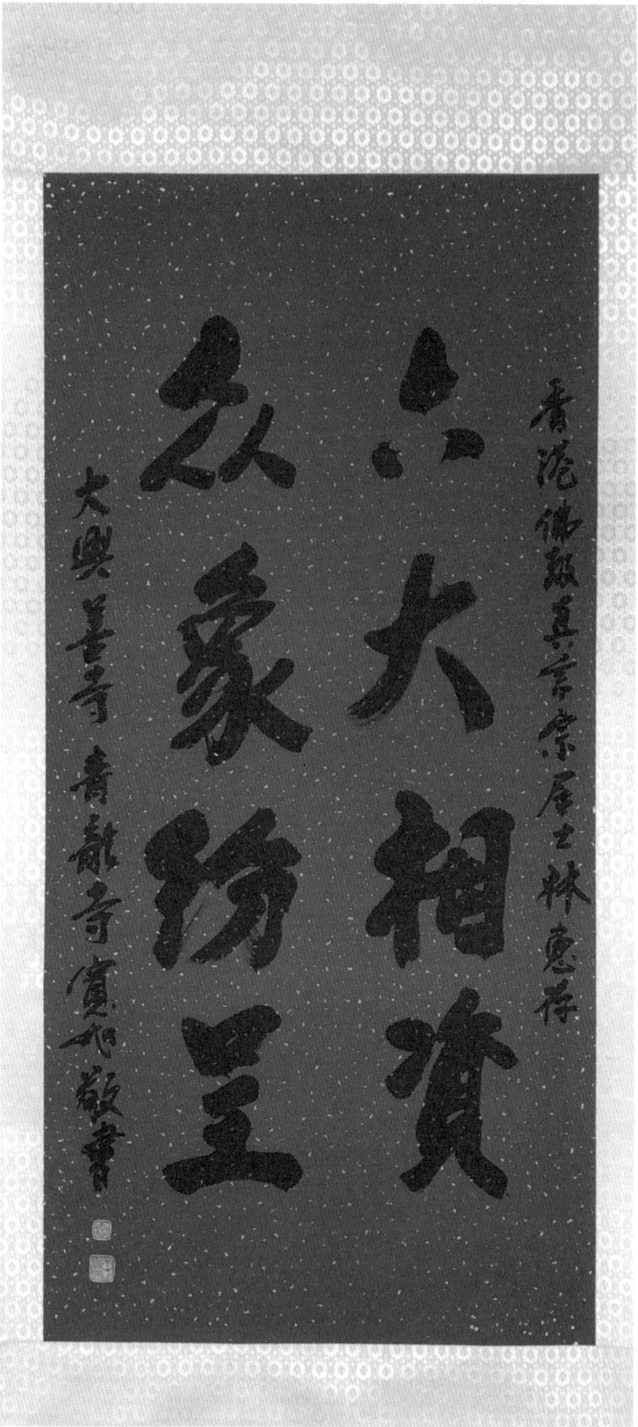

西安大興善寺、青龍寺方丈寬旭法師題字

◆ 黎乙真大阿闍梨祖師像（推斷為 1930 年作品）

張圓明阿闍梨祖師像（推斷為 1930 年作品）

◆ 張阿闍梨法照

張阿闍梨與弟子合照
左二起：黎瓔珞、張阿闍梨、周塵覺（婉卿）、黃弘瓊

張阿闍梨與弟子合照
後排左起：周舜貞、不詳、黎瓔珞、李三昧
前排左起：張拱璧、周塵覺（婉卿）

◆ 1900年代 張阿闍梨

◆ 1930 年代 張阿闍梨在女居士林花園

◆ 晚年時的張阿闍梨

目錄

香港佛教真言宗居士林序

黎乙真大阿闍梨祖師，一八七一年十一月十七日（辛未十月初五）生於香港，幼懷貞敏，宿具佛緣，十歲返廣州就學，十三歲求學《大悲咒》，又習《瑜伽施食儀軌》；十八歲迎娶張祖師並繼承父業，勤勞經營，廣結賢人雅士。

張圓明大阿闍梨祖師，一八七二年三月十二日（壬申二月初四）生於澳門，生而淑慎，動合儀則，十七歲因嬪黎祖師而聞佛法，內持家有道，外助黎祖師處理業務，井然有序。

兩祖師對社會公益、教育、保良扶幼等慈善事業，當仁不讓，尤對佛教事業更不遺餘力，財、法布施遍及省港澳等地。

一九二零年創辦圓明精舍，修持及宣揚淨土，後讀大藏經密教部，嘆此殊勝妙法，惜國內失傳千載，遂萌弘揚密教之宏願，求得真言宗巨匠權田雷斧大僧正尊像，在家供養，祈真言密法早日歸華；一九二三年夏天，張祖師更為此上表及閉關三月。

翌年、真言宗豊山派權田雷斧猊下，率布教團往潮州弘法，黎祖師赴汕頭懇請猊下及僧團蒞港，在一九二四年六月二十一日，與張祖師、張蓮覺、林楞真等受「受明灌頂」，因此播下真言密教在香港傳持百年基業的種子。

一九二五年三月權田猊下來函，召令黎祖師五月赴日，授予「四度加行」、「一流傳授」及「傳法灌頂」，繼詔大傳法院流四十九代傳燈大阿闍梨之職，並親書印可張祖師為阿闍梨交付黎祖師。

一九二六年二月黎祖師成立香港佛教真言宗居士林，開展振興密教之事業，一九二八年得紳商胡禧堂、蔡功譜發心護持，遂在大坑道光明臺九號購地設置永久弘法道場，同時張祖師亦決心建設女眾研修之地，在一九三零年中，在毗鄰購地正式成立女居士林；兩祖多次舉辦胎金灌頂，傳授法儀，講解義理，事理兼備，闡揚三密。

黎祖師利生弘法四十年，一九三七年三月一日示寂。張祖師一力肩負護持兩林重責，歷時十載，一九四八年一月九日往生密嚴淨土。

兩祖師檀施篳路啟雙林，化家門為道場，歷時近百寒暑。今秋及明年春適逢兩祖師降生一百五十年，擬編書刊以為紀念。猶豫之際，蒙西安祖庭大興善寺及青龍寺方丈，上寬下旭大和尚慈悲，惠賜題字以鼓勵，又蒙香港史學會執行總監、資深佛學導師及大學講師，佛學史專家鄧家宙博士百忙之中，應允執筆主編兩祖師年譜，遂組成工作小組，眾人齊心處理。過程中排除人事等各種困難，又發掘出無數珍寶，深刻體會兩祖師之菩提大願，心懷感恩與讚嘆，亦堅固對兩居士林之歸屬。小組成員中李科仁、卓泳佟及冼芷君三位，額外用心，出力尤多，加之在鄧博士悉心指導下，努力學習，三位默默耕耘，所付時間心力匪淺，深信與本人一樣，定獲益良多。工作小組各位成員歷時十月，輯成年譜，本人雀躍之餘，謹此向上寬下旭大和尚、鄧博士、工作小組及兩林諸君致以衷心感謝。期待兩林林友、同學善閱《年譜》，用心細讀，追緬兩祖師求法之決心與弘法之艱辛，想亦可彌補對兩祖師及兩居士林之認知，進而察知承傳之恩與傳承之責任。是所至盼。

香港佛教真言宗居士林
歐陽寶都謹識
二零二一年十一月二十八日

編者序

天竺密宗，自開元三大士入唐弘法，傳持金胎曼陀，深受皇室信奉，諸位大阿闍梨皆奉為國師。時有日本遣唐學僧空海大師來華，入長安青龍寺，從學惠果阿闍梨，習得兩部大法，為付法第八祖。後武宗滅佛，中土密燈焰熄，漸更失傳。而在日本，自大師回國弘化，建立真言宗，闡揚密法，下開眾多流派，世代弗替。而以其地理位置，稱曰東密。

及至清末民初，我國佛教徒以東瀛傳持完整密法，先後前赴求法者不少。與此同時，真言宗巨匠權田雷斧大僧正發願將密法反哺中華，更親到潮州、香港及臺北攝受漢人弟子，建立輪壇，重興密教。然而好事多磨，自密教回傳中土，即引發佛教界對顯、密教義及僧俗身份之紛爭，繼而遇上戰亂，真言宗僅得短暫流播，各支道場亦相繼停頓。但以因緣不可思議，時在香港，有弟子黎乙真、張圓明夫婦大德，傾盡家財心力，化家庭為道場，先後在港島鬧市成立真言宗居士林及真言宗女居士林，分頭應化。此蓋當時東密在中國之唯一繼承也。

考乙真大阿闍梨，乃本港著名攝影師黎芳公之哲嗣，子承父業，掌理華芳映相樓及家族產業，善舞長袖，與省港澳之官商名流皆有往來，頗負時譽。夫人張圓明氏，淑慎賢良，內則善持家計，侍奉翁姑，外則協理商務，運籌決算。夫婦二人，夙具佛緣，早歲已茹素念佛，聞經習法，更創設精舍清修淨業。積有餘資，則創辦佛教職業女學校並各種善業，興學濟世，造福人群。及至中年，閱藏經至密教部，乃決心習密。時至一九二四年，得權田大僧正攝受為弟子，翌年授予一流傳授灌頂及傳法灌頂，更親授所穿袈裟，叮囑返華大弘密教，是為首位獲豊山派傳燈大位之華籍居士。大僧正又同時許可張圓明晉職阿闍梨位，亦首位華人女修士獲此殊榮。此香港真言宗法輪之初轉也。

至於二師所創立之真言宗居士林，在現代中國佛教傳播史上，極為獨特，自有重要地位，實未可以一般佛教組織視之。一者、民初正值新舊社會交替之摸索時期，不獨政制爭議，傳統思想亦備受衝擊，儒釋道均被視為迷信落後，加上廟產興學政策衝擊，佛教已瀕沒落之勢；二者、密教義理別樹一幟，見解行持迥異於顯宗，此所以密法甫回漢地，旋即引起教理紛爭。加上密教上師不設僧俗男女之限，顯宗對白衣授戒傳法，無不責難。更甚者，抗戰事起，教內教外以密法由日本回傳，乃群起而抗拒排斥之。在此背景下，黎、張兩大德在香港以居士身份弘揚密法，在面對同樣困阻時，卻走出一條獨特發展之路，不能不令人深思。蓋二十世紀初，香港華商崛起，藉社會地位提升帶動都市佛教事業之勃興，而香港受現代思潮影響，對女性地位與社會功能有較積極的態度，而內地與香港社會之間對宗教傳播的政策與行動的明顯分別，正正在此凸顯。此香港真言宗之獨特意義也。

昔黎師登壇演教，廣譯經論，編著儀軌逾七十種，著作等身。又舉辦佛化婚禮、佛教火葬及籌建佛教墳場，均是劃時代之創舉。張師則以女師身份導眾，輔行教化，行前人所未行，尤其於戰時戰後，督導方向，勉力維持，備極賢勞。而自黎師伉儷在港建立香港佛教真言宗居士林及女居士林，百載基業，傳承不斷，乃目下中國境內最悠久之真言宗道場。此黎、張兩大德之行誼，於現代中日佛教交流史、中國密教史及香港佛教史，均有巨大歷史意義及重要影響，自非過言。

時至二零二一年，香港佛教真言宗居士林興議編輯書刊，以紀念黎、張兩祖師一百五十冥壽，緬懷創林祖師深恩盛德，意義深也。蒙主席歐陽大阿闍梨垂詢意見，考量兩位祖師應化事跡久遠，一時或未及編撰傳記，乃念兩林創立近百年，保存各種書札手稿並珍貴文物，允稱寶庫，故提議整理兩祖遺物，逐一考訂緣由，按年編排，輯成年譜，欲藉信實史料，重構先賢事跡之輪廓，想亦不失其初心也。辱承大阿闍梨信任，委以主編重責，擔當《黎乙真大阿闍梨年譜‧張圓明阿闍梨年譜》之主筆，十個月來，僅憑愚誠，勉為其事，惟囿於學力淺薄，儘管歇心盡力，不足之處實多，還望諸山大德、四海善知識，不吝指正。

本書採編年體式，敘而不論，取其就史事之先後次序，清楚明白，易於閱覽。而作為香港佛教之重要史料，實具四重價值：

一、如實記述兩位大德生平，呈現密教回傳及在粵港流佈的歷史，以及香港居士佛教之實況；

二、大量引錄當事人之書信手稿等第一手史料，開闢密教史研究的嶄新線索與視點；

三、由弘密宗師親身解讀真言宗之基礎信行，不失為密教之入門讀本。

四、本書作為冥壽紀念，非徒供信徒懷德追遠，亦欲使今日佛教中人知前賢之艱辛，反省自勵。

此外，兩位祖師作風沉厚，思慮周詳，行文清雅之餘，又每多含蓄隱晦，讀者須對照當時社會情勢與佛教風氣，反覆細味，自能領悟箇中含意。如是種種，幸望諸君多所關注，用心體會，則吾等一眾編者之勞苦，足告慰矣。

本書編寫期間，得歐陽大阿闍梨惠予種種便利，陪同參閱檔案文物，遇有疑難，即時賜予指導，啟發搜史線索，謹致由衷謝忱。與此同時，自本年三月起，編輯小組各林友每週協助處理大量文書工作，由文獻編檔、復修整理、打字影印、校對改錯等，仰賴各位日以繼夜趕工，本書始得順利付印，本書雖以余領銜整編，實亦祖師加持并諸君同心戮力，排除眾難之成果，功不唐捐，在此一併致謝。

這數月以來，得覽閱海量之珍貴文獻，大增眼界之餘，眾皆驚嘆兩位祖師殫精竭力，振興密教，普潤眾生之用心與毅力。今值本書出版因緣，居士林正構思舉辦展覽會及結集部份佛學書稿，宣揚密教意趣，彰顯先賢盛德。就在二零二六年，即香港佛教真言宗居士林創建百年大慶之期，仝寅亦正籌備相關慶典及發行紀念書刊，縷述百年滄桑。這將是另一項浩瀚艱辛又令人翹首期待的工程。尚期佛慈多佑，諸君善友，鼎力護持，共將各項計劃以底於成。是為序。

鄧家宙敬識
二零二一年冬至

凡例

一 本書定名為《張圓明阿闍梨年譜》，依編年體式編輯，重構大德生平史實，既存先輩之功業，亦供後世之景仰。

二 凡與譜主相關之資料皆盡力搜羅整輯。直接反映其生平事跡者，即行編入。其他有助參考之文獻則酌情擷錄。倘該資料無確切日期，或未克查證者，暫擱從略，免失真實。

三 為便閱讀，全書以公曆年月排序，附記農曆歲次；譜主年歲亦以實齡計算；引文所記多為農曆年月，亦已盡力查考公曆日期，免卻曆法對照之誤。

四 本書所錄主要擷自譜主書札、手稿、遺物等，均經其他資料反覆引證，始行編入，信而有徵。

五 全書以正體字為準；原文中各種異體、別體等，盡力照原文錄出。除受現代字庫所限者外，遇假借字等概不改動，以保留原狀風貌，俾便讀者賞析大德言行。

(六) 原文中錯、訛等字，編者略予修正；遇有殘漶不清，無法辨識之字，以□號表示；遇有請讀者垂注者，則於文後下案語表出。

(七) 原文中之尊稱空格，悉數保留。惟囿於篇幅，原文中因美觀整齊而留白之處，則酌情處理。

(八) 全書均採用新式標點，以求利便閱讀。凡書籍、文章等專名，標以書名號；引文、引語，則標以引號；而人名、地名，均不標號。

張阿闍梨生平概略

事業

阿闍梨，諱圓明，澳門出生，祖籍廣東開平沙崗。父炳相公，母王氏。自幼隨母奉先天道派，茹素清修。年十七，適於香港黎乙真先生，內則善持家政，外則襄理業務，允稱賢內座也。日常隨黎師研習佛乘，尊法重法，心蓮開放。光緒戊申歲，民國乙卯年，省港澳大災，傷亡慘寂，師挺身號召女界，賣物勸捐，匯濟災黎。民國肇造，以香港女童失學嚴重，乃創辦佛教職業女學校，任校長，授以德學技能，體用兼修；中年受黎師啟導，皈心淨土，創立圓明精舍，聚集女界共修。復悉密法殊妙，毅然掩關九十天懇求密法歸華。一九二四年，日本真言宗權田雷斧大僧正巡錫香港，得沐法乳。翌年再獲大僧正親書印可狀，立為傳法阿闍梨，乃中華密教史之首位女修士。一九二八年，師發廣大願心創建女眾輪壇，四度掩關，廣積資糧，乃於一九三零年成立真言宗女居士林，晉任住職，贊翊黎師，輔行教化，闡揚密法。晚年領導兩林，規復法務，又指示依《公司法》立案，並預立遺囑將家財悉數捐作林產，使兩林法務財務得享長久基業。凡此種種，於宗教、於社會均屬史無前例。師雖現女相而行大丈夫事，手創不朽盛業，盡顯其悲心願廣，魄力胸懷。

名諱

師諱圓明，自號散花天女。別署及印款甚多，考錄如後：

沙岡張圓明

散花天女　開平沙江散花天女

淨業女子張圓明　淨業女子圓明氏

圓明精舍住持　　金剛乘弟子張圓明

金剛乘教授　　　法尼

明月軒主人圓明氏

法眷

師執教三十餘年，外則導以識學，內則啟人慧命，桃李遍於中港。入室者有周塵覺、黃弘瓊、李三昧、馮聘逑、郭定理、黎瓔珞、黃瓔珞、陳節貞、郭貞賢、李八依、謝竺西、張鞏璧、劉蕙等。

鄧家宙

張圓明阿闍梨年譜

一八七二年壬申歲　出生

三月十二日，農曆二月初四日。誕生於澳門。祖籍開平沙崗人氏。父炳相公，母王氏。因母氏篤信先天道派，自幼已茹素學道，善根早植。

一八七三年癸酉歲　一歲

一八七四年甲戌歲　二歲

一八七五年乙亥歲　三歲

一八七六年丙子歲　四歲

一八七七年丁丑歲　五歲

一八七八年戊寅歲　六歲

一八七九年己卯歲　七歲

一八八零年庚辰歲　八歲

一八八一年辛巳歲　九歲

一八八二年壬午歲　十歲

一八八三年癸未歲　十一歲

一八八四年甲申歲　十二歲

一八八五年乙酉歲　十三歲

一八八六年丙戌歲　十四歲

一八八七年丁亥歲　十五歲

一八八八年戊子歲　十六歲

一八八九年己丑歲　十七歲

適於香港黎乙真（祖師）先生。

一八九零年代，定居廣州河南。

一八九零年庚寅歲　十八歲

一八九一年辛卯歲　十九歲

一八九二年壬辰歲　二十歲

一八九三年癸巳歲　二十一歲

一八九四年甲午歲　二十二歲

一八九五年乙未歲　二十三歲

一八九六年丙申歲　二十四歲

一八九七年丁酉歲　二十五歲

一八九八年戊戌歲　二十六歲

一八九九年己亥歲　二十七歲

一九零零年庚子歲　二十八歲

一九零一年辛丑歲　二十九歲

一九零二年壬寅歲　三十歲

一九零三年癸卯歲　三十一歲

是年，收養曾氏姊妹二人為養女，免致流落街頭。自後悉心教養，視如己出。

一九零四年甲辰歲　三十二歲

一九零五年乙巳歲　三十三歲

一九零六年丙午歲　三十四歲

一九零七年丁未歲　三十五歲

一九零八年戊申歲　三十六歲

夏天。廣東三江水災，傷亡慘寂。師聯同女界發起賣物籌賑。復與黃神鯨、黃雲容、黃雲仙、劉妙榮、陳善清、陳麗清、陳蕙修諸女士辦「繡詩」活動，為粵澳災民籌款。親撰「說出真情本不奇，天花墜地却紛披，世疑男女平權者，好讀七姝三四詩。」及「三重奴隸卑汗洗，一片光明日月長，我為此編呼萬歲，女兒都被返魂香。」胡翼南先生讚謂「女界售物以賑災，則中國數千年來所未聞。」更撰詩數十首紀念，其中兩詩特為讚譽師，詩云「捨身救世事非奇，功德無邊在布施，天女散花行般若，何人不解悟菩提。」、「縱然泥佛也神傷，鄭俠圖成似綠章，賴有散花天母在，菩提證果意偏長。」

八月。以是年廣東大水災，影響未止，再響應省港澳聯合賑濟，師再題詩一首供大會籌款。詩云：「霸沙風送鏡湖中，女士登壇氣若虹，水洒楊枝蘇涸鮒，座分香飯活哀鴻，花鬘瓔珞龍華會，巾幗鬚眉禹稷功，我願針神休繡佛，焚香長繡女英雄。

題贈澳門賑災會，散花天女張圓明紀念」事後，特將此詩刻於銅墨盒，以留紀念。

宣統年間（一九零八年至一九一一年），因女界籌賑之經驗，乃聯同佛友組織佛教宗乘聯濟會，主張興辦社會公益事業。

一九零九年己酉歲　三十七歲

一九一零年庚戌歲　三十八歲

一九一一年辛亥歲　三十九歲

一九一二年壬子歲　四十歲

◆ 以散花天女名義賑濟戊申水災
(左：散華天女印章；右：賑濟紀念墨盒)

八月。以新學興起，女權高漲，認為注重「學識生產」方能保障女權，於銅鑼灣創辦佛教職業女學校，自任校長，乃本地華人開辦佛教義務學校之濫觴，別具意義。開校之日，師向全體生員作訓示。

〈佛教職業女學校開學講辭〉

今日係佛教宗乘聯濟會女子職業學校第一校開校之期，今日鄙人登壇並非演說，不過係勉勵各位生徒幾句啫。今日見得滿堂濟濟，樂得英才而教育，吾心甚喜，仲係有些小憂愁。所憂愁者，學問荒疏，學徒唔得精精日上，咁就不能對得各位的父母尊長住喇。又唔對得各位同人與及善男信女幫助之財嚟教育呢班生徒。又辜負各位教員嚟當義務傳授科學之心，但今望各位勤心向學，凡人無論男女皆要安守職業，男士農工商各執一個，上養父母，下養妻兒的，就係男子職份喇。咁又乜野係我哋女子嘅職份呢？係家庭教育與及裁縫紡織與及文學喇。家有淑媛而後有良妻，有良妻而後有慈母，有慈母而後可以相夫教子。一家如是，一國如是。咁我哋中華民國日進文明，你睇下一物之微，各依之守。蠶會吐絲，蜂能釀蜜，犬會守夜，雞會司晨，一物之微，但各依職守，而且有益於人，何況人為萬物之靈，更加要守住自己之職業，咁就要務求向學，入孝父母，出敬師長，依礼而行，依理而做，千祈勿被人議論話「自由女」個時，入則為父母羞，出則為師長辱，咁於你自己有壞名譽，於你各位屬在少年，是必要孰品厲行。于今本學校請得一位何信詔先生為總教習，昔日也曾在潔芳學校，閱歷多年，而且品行端優，必定各位學問蒸蒸日上，而家算得各人好機會咯，有咁嘅父母栽培你，學業工藝又有咁好學校嚟教育。住在呢處，大英國文時宇下，咁就求你地各位自己，勉勵自己，咁就係鄙人厚望喇！

十月。佛教職業女學校舉辦陳列會。

十二月。佛教職業女學校再舉辦陳列會，並作演講。

〈佛教女子職業學校陳列會講辭〉

列位諸兄弟姊妹，本校自本年八月開課至十月尾之時，曾經將三個月嘅成績開一個陳列會，召集本校同人大眾參觀吓，當時小妹曾經將本校創辦嘅宗旨及成立嘅歷史，學科嘅內容（已）當眾同人前宣布過一次，今日亦不必再為詳細贅及。但現在坐諸君有的未曾到過，故此小妹又將敝校宗旨畧畧表陳，以供献諸君清聽。敝校取名女子職業義學校，本係佛教聯濟會同人提倡創辦，又得樂善諸君子以贊成之，佛教聯濟會原係純全嘅慈善會，眾同人議過話欲辦公益，要先從教育普及着手，欲求教育群生，先從女子處發端，因女子者係將來國民之母，家有賢母以教子，然後國有英才。我國女子從前多不求學，於普通知識尚未考求，無學問故生倚賴性質，無學問故此又生迷信嘅念頭，今日四維，亦知振興女學為務，故此聯濟會亦從此處起手，為入世嘅先機，但係本校宗旨既名為職業，則應為女子天職所應書者詳加研究嚟教授，如家政、養老、育兒、看護、裁縫、編織種種普遍藝術與文學並重，務使為女子者內能主家務，外知對於社會，近對於一身可能自立，咁然後方成得一個普通女子嘅人格。呢啲係本學校嘅宗旨，但係開創以來不過五個月左右，各生工課比之從前大有進步，計文學一科，進步甚速。至於女紅一科，已經十月尾開陳列會，今陣時不過兩三點鐘之久，將各生所做起嘅物件一概賣清，現時陳列在堂上嘅品，不過係一個月零十八日所做，可見諸生之勤力。小妹常常到本校，時時見各生，十分用心工課，更有一樣可以安慰嘅就係行一層本校初開時，諸生中未嘗無的囂張嘅漏習，但近日見有一種沈潛貞固嘅氣象，呢的係小妹所最為希望嘅，亦係在坐諸位學父家長所最為希望嘅。凡人在世須要有學問，但係亦須要有道德，方能有用，有智術而無道德，成為雙料惡人，故本校德育一科，設有特獎嚟賞勵各生之最良馴嘅，小妹絀於詞令，不能發揮甚麼議論。不過畧將本校情形畧敷衍幾句，望坐中教育大家，登壇指示一切，咁就不勝厚幸喇！

一九一三年癸丑歲　四十一歲

五月十三日，農曆四月初八日，浴佛節。師領導佛教職業女學校師生主持浴佛禮儀，並演講佛誕意義，開創本地學校慶祝佛誕之先河。其講辭云：「今日係四月初八。遠溯二千九百四十年前。今日係乜野嘅紀念呢？係有一位大聖人叫做釋迦牟尼，降生於呢個世界上。吾等在此世界，乃係一個五濁惡世。所謂貪嗔癡愛。名利心、人我心、是非心，種種煩惱，內蘊三毒，外染六塵。故此，生則有老、病、死，八難之憂。沒則有地獄、餓鬼、畜生，轉輪之苦。我佛慈悲念重，不忍衆受苦。故此分神降世，普度沉淪，談經三百餘會，說法四十九年。凡有信者，俱得解脫，故我佛為世之尊，所謂三界大師，四生慈父，故此呢一位聖人寶誕，係於此世界有最大關係。凡屬含靈，理當香花恭祝，但係查考歷史，祝佛旦有在於皇宮者、有在於庵堂寺院、有在於家內，從未有在於學校內嚟祝佛旦。至於在佛教女學校內舉行者，更如鳳毛麟角。小妹今日恭逢盛會，得與諸大德一堂聚集，實係夙願勝因，獨惜乎佛教學理，小妹所知有限，不能暢論，望諸位高明，登壇說法，開示末學，是小妹所厚望！」

夏。結識前清吳道鎔太史。及後，師執弟子禮，從吳太史習古文書法逾二十年。

一九一四年甲寅歲　四十二歲

一九一五年乙卯歲　四十三歲

是年。為廣州水災舉辦賣物會籌募善款。

是年。向新界理民府投地購置青山地段，以備慈善之用。

一九一六年丙辰歲　四十四歲

一九一七年丁巳歲　四十五歲

黎祖師協助陳春亭居士招募巨資，購建屯門青山禪院。期間，師悉心協理各項法務，歷時三載。

一九一八年戊午歲　四十六歲

二月。馬棚發生大火難，死者逾六百人，震驚社會。紳商何棣生（甘棠）先生發起首次馬棚建醮超幽法會七天，延請青山禪院承辦主法。黎祖師代表領導青山禪院擔當主祭，師輔行協理，又率領佛教職業女學校師生打點醮務。並以女校名義敬獻輓聯兩則：

其一

無滅亦無生，連天聽法聞經，參透色心原幻相；
有身皆有累，此日迴光返照，頓從火性悟真空。

其二

五陰非有，四大本空，問諸君封火洞然，這箇亦隨他去否；
三懺莊嚴，眾誠懇禱，仰大士慈雲廣覆，靈魂不昧共歸依。

一九一九年己未歲　四十七歲

一九二零年庚申歲　四十八歲

是年。黎祖師患小腸炎，纏擾七十多日，以佛號收攝心念，清淨身心，頗有徵應。於是着力研修淨土，專弘念佛法門，更編撰《極樂之門》作修持誦本。師亦發願，皈心淨土。

約是年。黎祖師與師於灣仔厚豐里五號三樓創辦圓明精舍。

約是年。黎祖師讀《大藏經》至〈秘密部〉，驚嘆密法之殊妙，慨嘆漢地之無緣，乃發願弘揚密宗，俾使人人皆得即身成佛。師亦因此得知密法之源流，同生嚮往。

一九二一年辛酉歲　四十九歲

一九二二年壬戌歲　五十歲

一九二三年癸亥歲　五十一歲

三月二日，農曆正月十五日，上元節。師領導佛教職業女學校師生修持供諸天法會。

四月四日，農曆二月十九日，觀音菩薩誕。師於圓明精舍設供上表，祈求密法重興於

◆ 自編《極樂之門》法本修持儀軌並精心繪畫佛畫及親手精裝成書

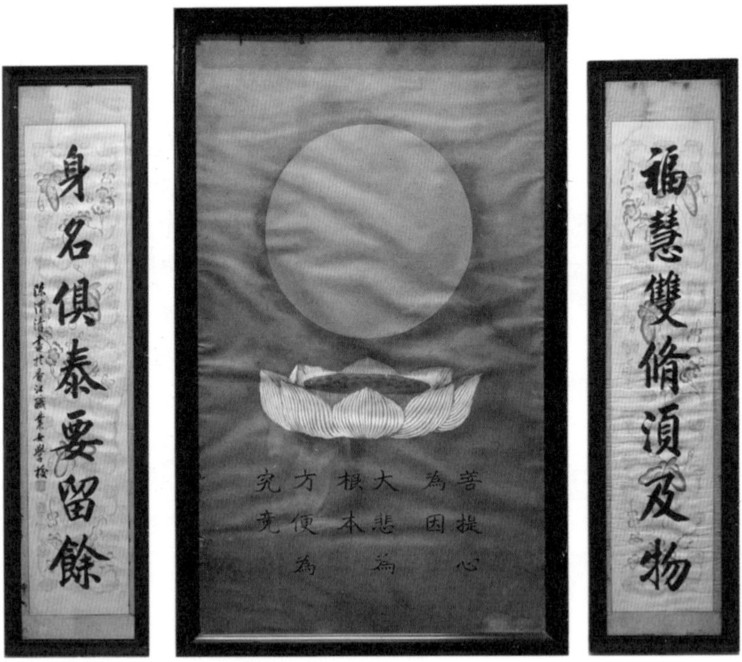

◆ 佛教職業女學校鏡額

中華，早日得受兩部灌頂。

八月一日，農曆六月十九日，觀音菩薩誕。師為願密法早日回傳漢地，發願掩關九十天，虔修經懺，懇切祈求。黎祖師特為安排掩關行事及佈置護關人員職事，並親題聯語：「上品金蓮生淨土；一輪明月照禪關。」致勉留念。

〈掩關行儀〉

壹　嚴淨道場

擇幽靜地點，淨垷填地，洒掃潔淨，於坐西向東處供佛菩薩像，懸旛燃燈，隨力取辦，務極莊嚴。香花果水，日日供養。若力不能辦，初日不可無供，所以求福助也。行人須嚴持淨戒，專心致志，痛念生死事大，務使一期之

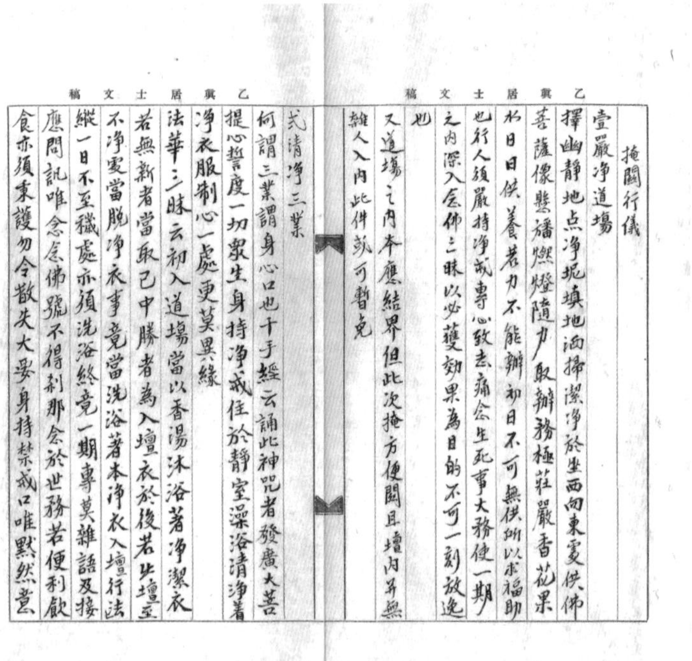

乙巽居士文稿

掩關行儀

壹嚴淨道場

擇幽靜地点淨坭填地洒掃潔淨於坐西向東変供佛
菩薩像懸旛燃燈隨力取辦務極莊嚴香花果
於日日供養若力不能辦初日不可無供所以求福助
也行人須嚴持淨戒專心致志痛念生死事大務使一期
之內深入念佛三昧以必獲效果為目的不可一刻放逸
也
又道場之內本應結界但此次掩方便關且壇內并無
雜人入內此件亦可暫免

乙巽居士文稿

貳清淨三業

何謂三業謂身心口也千手經云誦此神咒者發廣大菩
提心誓度一切衆生身持淨戒住於靜室澡浴清淨着
淨衣服制心一處更莫異緣
法華三昧云初入道場當以香湯沐浴著淨潔衣
若無新者當取己中勝者為入壇衣於後若出壇至
不淨處當脫淨衣事竟當洗浴著本淨衣入壇行法
縱一日不至穢處亦須洗浴終竟一期專莫雜語及接
應問訊唯念念佛號不得剎那念於世務若便利飲
食亦須秉護勿令散失大要身持禁戒口唯默然意

◆ 張阿闍梨掩關行儀

內，深入念佛三昧，以必獲效果為目的，不可一刻放逸也。

又道場之內，本應結界，但此次掩方便關，且壇內并無雜人入內，此件或可暫免。

弍　清淨三業

何謂三業？謂身心口也。《千手經》云：「誦此神咒者，發廣大菩提心，誓度一切眾生。」身持淨戒，住於靜室，澡浴清淨，着淨衣服，制心一處，更莫異緣。

《法華三昧》云：「初入道場，當以香湯沐浴，著淨潔衣。若無新者，當取己中勝者為入壇衣。於後若出壇至不淨處，當脫淨衣。事竟，當洗浴，著本淨衣入壇行法。」縱一日不至穢處，亦須洗浴。終竟一期，專莫雜語及接應問訊，唯念念佛號，不得剎那念於世務。若便利飲食，亦須秉護，勿令散失大要：身持禁戒，口唯默然，意唯止觀。

密部謂：手結契印、心觀梵字、口誦真言，如此謂之三業清淨。以我之清淨所感，與如來清淨相應，故曰瑜伽。

叁　誠修供養

此次掩關以七日為一期，六月十九日星期三日為入關之始。是日恭逢大悲菩薩寶誕。是日早虔備淨品上供。是日下午掩關。此後每兩日換生花、每三日換生果。每逢星期日午刻上供一堂，下午施放蒙山小食，運廣大心平等供養，願以所集功德回施法界有情，乘三寶力同生淨土。

肆　懺悔罪業

吾人歷劫以來，至於今日，所作罪業，無量無邊，今始覺察，生大慚愧。是以恭對諸佛菩薩座前，翹勤五體，披瀝一心，知已往之罪業而求懺悔，以後之過惡而不為。仰仗佛菩薩之威神願力，使我多生罪障，隨懺消鎔。無量心光，豁然開朗。生則吉祥雲集，歿則蓮界高登。

又知我等無始以來，所有衆罪，皆因心作妄念，若息心體本空，倘能思專想寂，念念彌陀，內觀心源，菩提阿月，圓明皎潔，不立纖塵，消寃障於無何有之鄉，斷相續於首楞嚴之定。古云：「罪由心造將心懺，心若滅時罪亦亡，罪亡心滅兩相空，是則名為真懺悔。」

又思諸佛覺滿，出離生死，我今初覺，發心修行而芸芸眾生，尚迷五欲，廣作眾罪，何有了期？今當發廣大心，普為四因三有，代求懺悔，願與法界眾生，解除結縛，同登覺岸。如是則若事若理，三懺圓融也。

伍　作諸福善

人天路上作福為先，生死關頭念佛第一，修淨業人若能兼作福善，大可資助往生。蓮池大師有偈語云：「作福不念佛，福盡還沉淪。念佛不作福，入道多苦辛。無福不念佛，地獄鬼畜群。念佛兼作福，後證兩足尊。」因此今訂定每期出關日，兼作善舉以助進行。

〈每日定課時間表〉

由星期壹至星期伍日：

七點鳴鐘　起身。盥洗已。小食。換新淨衣服。

八點入壇　塗香、獻香、焚香已。（法儀從略）

九點鳴柝引飯　出壇用早膳。盥洗換衣服。

十點入壇　唱香讚。觀佛偈。旋繞唱佛號，隨力而止，坐念佛號約一枝香久。發願。回向。三拜。出壇休息十五分鐘。再入壇趺坐入觀。

十二點鳴柝出壇午膳。

一點入壇　旋繞念佛、唱念、默念均可。趺坐入觀。

三點鐘　茶點，小食。休息或梳洗。

四點入壇　旋繞念佛、唱念、默念均可。趺坐入觀。
六點鳴析出壇　晚膳。沐浴畢。休息。
八點入壇　功課照十點鐘時唱念之儀式。
十點鳴鐘止靜　寧睡。
每逢星期六、日早課畢，九點聞析聲出壇，由護關者送入告假出關牌，行人捧牌在佛前及護法神前告假，隨即出關與衆同人接洽。用早膳畢，大衆合力洒掃壇場，整潔地方。下午休息，是晚八點聽講大乘經典。十點寧睡。
每逢星期日八點入壇，功課照前。九點，聞析聲出壇。早膳。十一點，大衆入壇上供、上表、祝讚。一點，獨自入壇念佛入觀。三點，小食。四點，大衆入壇誦晚課、施食。六點，晚膳。八點，大衆入壇禮懺一堂。十點止靜。

八月一日，農曆六月十九日，觀音菩薩誕。師發心掩關修持九十天，是日啟壇設供奉佛，上表云：「伏以掩關入定靜觀，寶月之光明觀想持名冀覩，彌陀之勝相修秘密之教法。求佛力以加持，竭祈禱之誠心，願威神而擁護。茲有娑婆世界南贍部洲中國南部海濱香港埠圓明精舍弟子張圓明等，謹於癸亥六月十九日，恭逢大慈大悲觀世音菩薩寶誕良期。謹集一堂，同伸祝典，爇心香之一瓣，献供養之六般。俯伏台前同伸□悰。恭維普門大士靈感圓通，寶月揚輝現菩提之德相，莒風微妙送極樂之蓮香。生死趣中救拔提携，無有休息。顯密教內，隨機赴感，無碍神通，顯應威神，讚揚莫盡。今值莊嚴之寶誕，謹輸祝禱之微誠。仰伏福慧之餘光，懇賜慈悲而加被。窃念弟子等宿生慶幸得遇佛乘，信願有心，出纏無力。況復時丁劫運，遍地殺機，去聖云遙，良師不遇，欲修道則頻遭魔障，思度世則未有神通。深恐再失此身，依舊浮沉生死，是故潛心修習，獨掩禪關七日一期，三月圓滿。六月十九為入關之始，九月十九為解制之終。九十日專念洪名，默禱蓮花部主，三個月靜心內觀。欲開阿月光明，禮經懺以求免罪愆，誦真言而求增福慧。伏願三身常住秘密加持，千手莊嚴慈悲拯拔，使我在關期內無諸魔障，身心安樂，晝夜吉祥。藉如來功德之法力，斷惑證真。仗真言字種之功，能明心見性，菩提阿月皎潔圓明，智慧性天，豁然開朗，極樂莊嚴之妙境顯現目前，慈悲福智之善人，同為伴侶，得秘藏之寶鑰，成佛果於即身，普度有情，莊嚴淨土，四恩普度，三有齊資，我願無窮。伏求攝受。謹表上白。南無五方五佛常寂光中。南無千手千眼菩薩座下。恭望鴻慈俯垂洞鑒。」

是日。值啟壇之時，特別捐印《大悲心陀羅尼經》，布施結緣。

八月五日，農曆六月廿三日。掩關期內逢第一個週日，虔修《金剛頂瑜伽三十七尊禮懺悔儀》一堂，並施放眾生，印族《禮懺儀》，藉此善緣，上疏祈願：「諸尊加被，開莊嚴秘密之心，秘寶忽陳啟萬德真言之庫。無邊罪障，徹底澄清，無量光明，圓明皎潔。生則六通神足，沒則上品花開。回向有情莊嚴淨土，四恩普報三有齊資。」

八月十二日，農曆七月初一日。掩關期至第二週日，虔修《阿彌陀佛禮想儀》一堂，並於是日簽助灣仔公立醫院，「伏願玉毫朗照，金臂提携，消罪業於千生，獲禎祥之百福。義天開朗，心地光明，極樂勝境，顯現目前。字種月蓮，炳耀胸臆，得辯才之無碍，獲殊勝之神通。然後普度群生，紹隆三寶，福慧具足成佛果於即身，事理莊嚴乘金台而出世，更祈同人迪吉，眷屬安和，共撐濟世之慈航，大闡密風之教法。」

八月十九日，農曆七月初八日。掩關期之第三週日，有感「曠劫以來迷無我覺，廣作諸罪，數越塵沙，是以生死浩然，受苦無間。今者雖聞經教，未登灌頂之道場；幸得人身，仍是昏心於欲境。嘆年華如逝水，淨業難成；怨時世之艱辛，災殃疊起。在家則怨憎常聚，社會則人我競爭。異說囂鳴，世界慢為神造，邪風鼓煽妻財。倡說公開，僧倫則戒德不修，正教則凌夷欲絕，遂致三災時見，八難頻興。弟子等陷入旋渦，昔種惡因之共業，沉淪濁世，飽嘗苦果於今生。不憑佛力冥資，曷可消除宿障。故今者洗心滌慮」，虔修《金剛頂瑜伽三十七尊禮懺悔儀》一堂。

八月廿六日，農曆七月十五日。掩關期至第四週日，頂禮《淨土寶懺》一堂，「大眾精誠，勤求懺悔。願仗彌陀願力掃除夙世之冤魔。懇求無量光明照破五陰之煩惱。此日心光煥發，大開阿月之蓮，他年極樂化生，得受菩提之記。又願現前眾等晝夜吉祥，眷屬康寧，諸凡如意。以此功德普及一切，廣資含識，共證蓮邦。」

九月二日，農曆七月廿二日。掩關至第五週日，頂禮《大悲心咒寶懺》一堂，「祈禱一心歸命，耑念極樂之慈尊，五體翹勤，頂禮大悲之菩薩，作善功以求福，禮經懺以消災。今則五屆星期，眾心誠懇。謹陳淨供，同表微衷。花簪蘭白蓮紅，果献橙黃橘綠，茶斟雀舌，香爇牛頭，供養淨土聖賢。」同日簽助九龍公立醫院。

九月九日，農曆七月廿九日。掩關期之第六週日，「恭逢地藏大菩薩寶旦良辰，謹集同人，恭行祝典，茶斟雀舌，香爇牛頭，花簪朱錦雞冠，果献紅橙佛手。運一心而供養，端五體以翹勤。稱揚菩薩之洪名。叩拜寶花之台下，同伸藻祝，敬達葵忱。窃維菩薩威神赫奕號悲願之金剛，深密禪那入河沙之大定。親受世尊之遺囑，護念末法之行人。玆值世道衰微，人多惡行，魔軍持世，滔天之劫運，頻來苦果造成遍地之災殃備至。眾等宿作同業，致入牢籠，經教須聞，修行辛苦。不仗加持法力，難消惡世寃魔。用特掩關，潛修觀念，默懇佛陀之擁護，祈求菩薩以提携，修懺悔於星期，作善功而接福。」是日印送《金剛經》、《阿彌陀經》，與眾結緣。

九月十六日，農曆八月初六日。掩關期至第七個週日，恭行大勢至菩薩祈禱之儀，並施放眾生，集「眾心誠禱，虔備六般淨供，上奉九品蓮台，伏望垂慈哀憐攝受。

願藉慈悲之願力，拔我罪業之根苗。仰承菩薩之威光，開我迷雲之心月，使我關中得定，晝夜安寧。關外同人，齊膺福祉。以此功勳，回施三有，世界享和平之福，香江無災難之侵。」

九月廿三日，農曆八月十三日。掩關期第八個週日，頂禮《慈雲寶懺》一堂，並簽助廣州方便醫院，「伏願金臂提攜拔迷途之苦惱，玉毫普照破黑業之昏沉。使我肉眼開明，親見琉璃勝地，禪心定淨，現出阿月光明，大眾同人，千祥雲集，三災不現，八難全消，建佛法之旌幢，招來善友，舉金剛之寶杵，降伏魔軍，得六種神通，圖一生佛果，現世則為諸佛所護念，臨沒感聖眾以來迎。總報四恩，齊超三有，誠衷祈禱。」

九月三十日，農曆八月廿日。掩關至第九個週日，虔修《楞嚴懺》，「敬誦薩怛之心咒，皈依佛頂之慈尊，學天台求相之誠，修懺悔罪愆之法。伏願楞嚴聖眾俯賜哀憐，仰求大覺慈尊，垂恩攝受，憫念弟子眾等積劫孤露，三界飄零，着妄迷真，造作無邊之罪；迷頭認影，積成有漏之因，遂致生死浩然，莫由脫苦。今者幸聞經教，思學修行，惟是內障外緣，時丁惡世，非仗總持咒力焉能降福消愆，是以謹輸一片丹誠，懇禱千花台下。伏願諸尊擁護，三密加持，消罪業於無何有之鄉，增福慧於大莊嚴之地，生則增長色力，沒則隨願往生，關內行人速獲神通三昧，護關大眾同膺福祉，千祥共奮，精神同扶，佛法自他兼利，報佛鴻恩，百拜祈求。」同日印送《樂邦導引》一百本，與眾結緣。

十月七日，農曆八月廿七日。掩關期至第十個週日，是日施放眾生，並頂禮《地藏占察懺儀》，「懇禱悲願之金剛，頂禮救世之真士，敬求三十五尊而加被，祈禱過去七佛以垂慈，使我等惡業消除，福慧增長。關中行者速獲三昧神通，關外同人共得千祥雲集。宗風大闡，密印重光。轉正法之寶輪，人天普利；破邪宗之見網，魔外潛踪。更祈屢世寃親，多生父母，承佛神力早證菩提。國土無災障之侵，人民生淨信之念。四恩三有，同登極樂之門。我等衆生共入蓮池海會。」

十月十四日，農曆九月初五日。掩關至第十一週日，是日簽助東華醫院，修持《大般若懺》，「上奉般若之金經，頂禮摩訶之寶懺，思學法誦聖人之修供，聊效常啼大士之祈求。伏望世尊如來哀憐攝受，般若菩薩願力加持，放金剛焰而伏我心魔，洒智慧水而蕩吾情執。斷除二障麤重之習氣胥捐，悟徹三空微細之無明盡破。入金剛喻定，發殊勝神通成就有情；入涅槃城界，度諸含識出生死重關。更祈眷屬吉祥，同人迪吉，四緣具足，五福駢臻。共轉法輪，同扶佛化。世緣善了，上品蓮生。又願國土康寧，人民安樂。」

十月廿一日，農曆九月十二日。掩關期至第十二週日，感念「世尊開懺悔之門，使我等得自新之路，謹涓吉日，恭啟懺筵，陳淨品以供聖賢，嚴香花而作佛事，依悟師之作法，求淨水以解冤，大眾披誠，求哀懺悔，發露罪愆於往昔，願修戒善於時末。」藉頂禮《慈悲三昧水懺》，祈禱「福慧具足，顯密齊彰，大闡宗風，轉法輪而降魔外；挽回劫運，濟含識而顯神通。更祈屢世冤親，現前眷屬同膺五福，共接千祥，世事做完，高登極樂。四生九有，咸歸華藏玄門；法界眾生，共入毘盧性海。」

是日，印送小本《極樂莊嚴》，廣結法緣。

十月廿七日，農曆九月十八日，彌勒菩薩誕。特於清晨「虔備香花淨食，上供於南無當來下生慈氏世尊寶蓮台下，暨兜率內院護法諸天，諸大菩薩座前，伏献微詞，尚希垂鑒，竊以眾等寄生宇內，托質人身，荷佛力以扶持，感天龍而擁護，庇色力清健，不缺四緣，自思勉力修行，弘揚佛化，但以時丁末法，魔熾障深，若非奮進精修，曷得其中妙諦。是故學步前人掩關觀念，六月十九而結制，以三個月為關期。歲月如流，今已圓滿，雖未得性天開豁，而幸諸事吉祥，仰荷諸佛菩薩法力加持，又藉毘沙門天慈悲擁護。今則功德圓滿，感激莫名，此後惟有勉力善功，勤行佛事。伏願佛恩時錫，天力常加，令眾等諸作吉祥，時逢善友，參禪念佛，永斷冤魔，大開普度壇場，共入蓮花勝會。謹伸祈禱，不勝屏營，待命之至。」

十月廿八日，農曆九月十九日，觀音菩薩誕。掩關圓滿日，上供祝賀寶誕，呈具表文：「上叩大悲菩薩慈相光中，伏維弟子少年慕道，佛法皈依，大事未明，匆匆已老。嘆光陰之虛度，濁世浮沉，悲國運之災侵，生靈塗炭，於是發心修淨念佛掩關，由六月十九以起功，九月十九而解制，遇星期則禮懺作善事以迎庥。今則三月已週，功德圓滿，自惟宿愆深重，心地未開。然藉佛菩薩威神之力，在關期內得心安體健，稍現光明，外護同人亦仗鴻慈，諸凡迪吉，感聖恩之高厚，戴天德之弘深，欣佩之心，莫能名狀。此後惟有依四弘願，秉教修行。然當此世運衰微，魔強法弱，須常藉三密加持之力，方能進修無碍，直證菩提。今藉菩薩成道之吉期，謹依科儀而祈禱。恭誦大悲之心咒，頂禮萬德之慈尊。伏願甘露頻施，蕩滌千生之垢穢，玉毫朗照破除五藉之陰魔。變罪藪以作福田，化寃家而為眷屬。護關眾信，禮懺同人，俱獲福慧莊嚴，共得身心清淨。

廣結蓮花社會，普度群生，弘揚淨土宗風，大興佛化。又願人民安樂，國土清寧，息人我之紛爭，修戒善之美德。」

是日舉行放生，晚上施放焰口，普利冥陽眾生。功行圓滿。

一九二四年甲子歲　五十二歲

圓明精舍恭錄高祖弘法大師遺誡兩幅，以訓示弟子。

六月。日本真言宗豐山派權田雷斧大僧正到廣東潮州弘法。黎祖師迎請大僧正并隨行者共十二人至香港主持灌頂法會。

六月廿一日。迎請權田雷斧大僧正假紳商胡翼南家族之厚豐園，傳授受明灌頂。師與黎祖師、何張蓮覺夫人、林楞真居士一同領受灌頂。

是年。師領導圓明精舍弟子，發起三年內修持禮懺共二百五十堂，求證功德。

◆ 權田雷斧大僧正及張蓮覺居士等合照
第一行左起：張蓮覺、權田雷斧大僧正、張阿闍梨

一九二五年乙丑歲　五十三歲

三月。大僧正權田雷斧祖師來函召令黎祖師前赴日本根來寺習法。同時詢問：「又受明灌頂之受者來否？速可有通知，以有支具調達也。」顯示權田祖師有意向張師父授予一流傳授灌頂及傳法大阿闍梨職，別有深意。惟師經考量，未與黎祖師同往受法。

五月三日。黎祖師出發前赴日本習法，師率同圓明精舍弟子到碼頭送行，拍攝留念。

五月廿三及廿四日。黎祖師在根來寺接受大傳法院流一流傳授灌頂及傳法灌頂，晉職為真言宗豊山派四十九代傳燈大阿闍梨位。

六月四日。權田祖師親書「以遮那大悲方便可許傳法灌頂於張圓明也」之印可，預立師為大傳法院流大阿闍梨，並將印可交付黎大阿闍梨帶回香港，於適當時候，代祖師傳付大阿闍梨資格予師。此乃中華密教史上首位女性獲大阿闍梨資格，意義非凡。

◆ 黎大阿闍梨前赴日本灌頂時在船倉與送行者合照

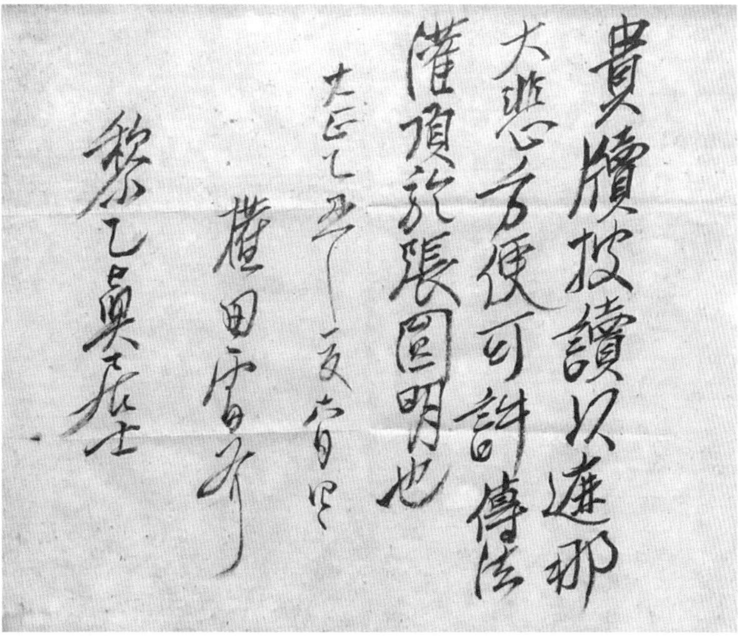

貴牘披讀以遮那
大悲心方便可許傳法
灌頂於張圓明也
大正乙丑一月吉日
權田雷斧
黎乙真居士

◆ 權田雷斧大僧正授與傳法灌頂許可

九月七日。以中國戰亂頻仍，三災疊起，師聯同黎大阿闍梨修持《理趣經》及《不動明王供養法》十四天，為國祈福，早息災殃。

十二月。公子黎瑞熙及千金黎瑞馨往生。廿四及廿五日於香港華人永遠墳場落葬。

是年。與黎大阿闍梨共同捐出青山村約萬呎地段予青山禪院開辦青山佛教義學。

一九二六年丙寅歲　五十四歲

二月一日。黎大阿闍梨成立香港佛教真言宗居士林，設址於港島禮頓山道十三號三樓。開林之時，師特捐助密壇金剛盤、鈴杵、火舍、壇花等法器，廣結密緣。

三月十七日，農曆二月初四日。黎大阿闍梨率領圓明精舍弟子修持《十八道立之無量壽儀軌》並宣疏表，為師壽辰祈福。

四月廿六日。黎大阿闍梨帶領奉修《無量壽如來供養法》七天，超薦親屬與林友各親

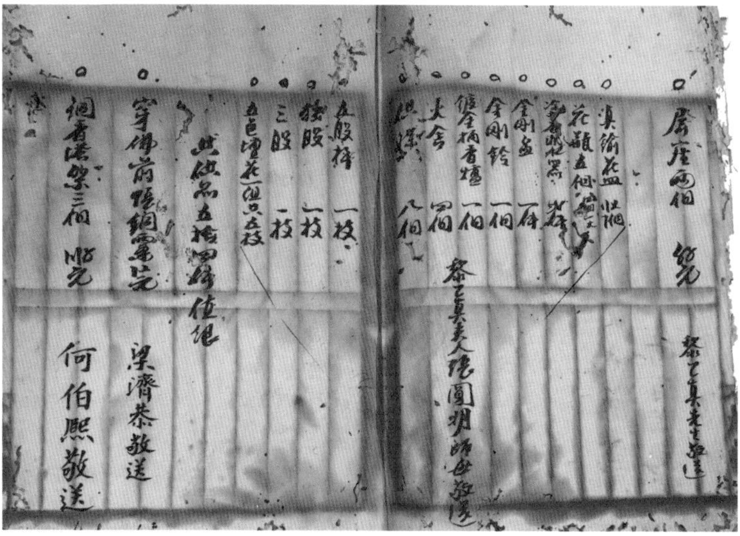

供養香港佛教真言宗居士林開林法器之記錄

族先靈，藉佛鴻慈，解脫罪愆，同生淨土。

五月十九日，農曆四月初八日，浴佛節。師延請黎大阿闍梨領導佛教職業女學校師生舉行浴佛法會，並上表祈福，又請演講〈佛誕說略〉。

九月十三日。師專修《無量壽如來觀行供養儀軌》，設供上表，昭示誠敬。修持期間，特別恭繪佛像咒字及手抄儀軌一本，以示珍愛尊重。

約於一九二六至一九二八年間，師勤修持《無動尊念誦法次第》。

一九二七年丁卯歲　五十五歲

五月七日，農曆四月初七日。黎大阿闍梨首度主持胎藏界灌頂，師協理法會事宜。

九月十三日，農曆八月十八日。師為往後弘法事業，反覆思索行藏：

一、須先自修一兩年後方出而問世乎？

親手編繪《無量壽如來觀行供養儀軌》

二、即時擇地開堂以度生為急乎？但仍每日撥開時間以自修也。

三、先在香港屬地，後往別埠乎？

四、先在外埠起點，而本港設分院乎？

顯示師既有弘法利生之大志大願。亦就當時本地及國內佛教情勢，以至於以女居士身弘傳密法可能引起之紛爭，均細緻考量，足資反映師之行事務實嚴謹。

十月廿四日，農曆九月廿九日，藥師佛誕。師率領圓明精舍弟子設供上表，諷誦《藥師經》，祈求寰球昇平，眾生安樂，同沾佛法；並回向林友李三昧居士，早日病癒。

十月廿九日，農曆十月初五日，黎大阿闍梨誕辰。師率領圓明精舍弟子修持「胎藏懺法」，祝禱黎祖師福壽無量，振興密教。

十一月十日起。師發心專修《十八道大法》特手抄儀軌一部，以昭誠敬。並於是日開

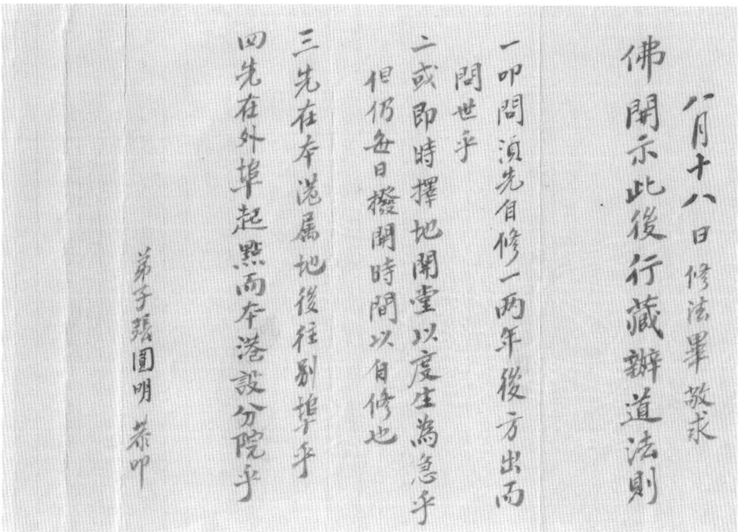

八月十八日修法畢敬求

佛開示此後行藏辦道法則

一 叩問須先自修一兩年後方出而問世乎

二 或即時擇地開壇以度生為急乎但仍每日撥開時間以自修也

三 先在本港屬地後往別埠乎

四 先在外埠起點而本港設分院乎

弟子張圓明恭叩

佛前恭求行藏辦道方向

壇，設供上表，祈願佛力加持，無礙成就。

十一月（農曆十月）。師為居士林搬遷事宜，操勞雜務人事致病，特發心作第二次閉關，定期十四天，專修準提佛母真言等法，圓滿之日上表文云：「竊維弟子歷劫沉迷，四生漂溺。合塵背覺，久離慈母之鄉；逐妄違真，積造如山之罪，循環報復，苦惱無窮，故今世雖得人身，常受病魔之痛苦，雖聞佛法，常為冤障所沮纏。如行逆水之舟，更兼巨浪；若折冲天之翼，又遇狂風。深恐一失人身，三途淪落，思量終夜，愧懼慞惶，虛負一己之靈，常辜四恩之德。不仗如來之力，曷解業障所纏，是以閉戶專修，勤求懺悔，敬誦藥師之寶卷，觀念佛母之真言兩個七。一志耑修，十四日竭誠懇禱，自維冤障深重，未得真性開明，猶幸佛力維持俾我安心悔過。今則兩期圓滿，禮誦完隆，謹瀝葵衷敬伸謝悃。謹於冬月吉旦，敷陳淨品，仰答鴻恩，上奉滿月本尊，供養十方三寶，敬誦藥師之寶懺，念誦列聖之真言。買物放生，印經作福，雖微末之善業，未感德之寸心。伏願本尊佛母，諸佛聖賢本誓不違，受予祈禱，施金壺之妙藥，愈我沉疴。放五色之光明，破予黑業，俾得自新悔過，繼續修行。長蒙佛力以維持。永藉善神之擁護，時逢善友，不受冤家仇怨之糾纏，常聽法音，不招口舌是非之惡諍，六時迪吉，二豎潛踪。色力康強，福慧增長，由初修以至成道，於其中間，永無障礙，遇事吉祥。更祈家運亨通，善緣廣結，扶助道場之成立，大闡密教之宗風，有生之日，一息尚存，誓不違背菩提之心，誓不遵行邪見之道，誓皈依佛法。用報鴻恩。懇切祈求，百拜頂禮。」

十二月廿七日。黎大阿闍梨與師，率領居士林弟子奉佛修法七天，懺罪祈福。

約於本年冬季與戊辰年初之間。師於年前獲權田祖師預立為大阿闍梨，師以任重道

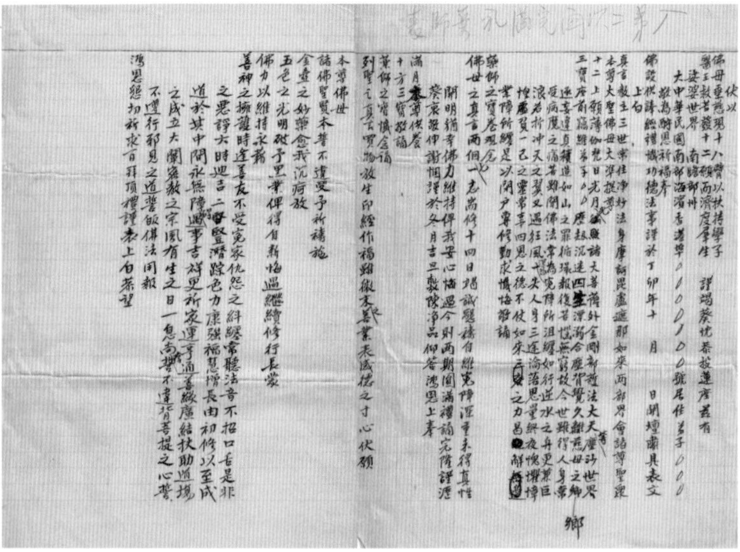

伏以
佛母垂慈現十八臂以扶持學子
醫王救苦發十二願而濟度群生　謹竭葵忱恭披蓮座茲有
娑婆世界南贍部州
大中華民國南部海濱香港埠○○○○○○號居住弟子○○○
敬為酬恩祈福本
佛設供誦經禮懺功德法事謹於丁卯年十　月　日開壇虔具表文
上白
真言教主三世常住淨妙法身摩訶毗盧遮那如來兩部界會諸尊聖衆
本尊大聖佛母大準提菩薩
十二上願薄伽梵日光月光諸大菩薩外金剛部護法大天等娑婆世界
三寶座前竊維弟子○○歷劫沉迷四生淪溺合塵背覺久離慈母之鄉
逐妄違真積造如山之罪循環報復苦惱無窮故今世雖得人身常
受病魔之痛苦雖聞佛法常為冤障所沮譬如行逆水之舟更兼巨
浪若折沖天之翼又遇狂風一失人身三途淪落思量與夜愧懼悼
惶無量一己之靈常享四恩之德不仗如來三寶之力曷能解脫
業障所纏是以閉戶專修勤求懺悔誦
藥師之寶卷觀念
佛世之真言兩個一志尚修十四日竭誠懇禱有繼冤障深重未得真性
開明猶孝佛力維持俾我安心恬過今則兩期圓滿禮誦完隆謹遵
癸衷酬仲謝悃謹於冬月吉旦敦陳淨品仰答鴻恩上奉
滿月本尊供養
十方三寶懇誦
藥師之寶懺念誦
列聖之真言買物放生印經作福翊徽來善業表感德之寸心伏願
本尊佛世
諸佛聖賢本誓不違受予祈禱施
金壺之妙藥愈我沉疴放
五色之光明破予罪業俾得自新悔過繼續修行長蒙
佛力以維持永藉
善神之擁護時逢善友不受冤家仇怨之糾纏常聽法音不招口舌是非
之惡譯六時迎吉二六堅潛蹤色力康強福慧增長由初修以至成
道於其中間永無障礙事吉祥更祈家運亨通善緣廣結扶助道場
之成立大開密教之宗風有生之日一息尚存不違菩提之心誓
不遵行邪見之道誓皈佛法同報
鴻恩懇切祈求百拜頂禮謹表上白恭望

◆ 第二次掩關表文（草稿）

遠，謙遜須先厚實資糧，方堪就任。剛藉閉關圓滿，至此正式就任阿闍梨位，並獲權田祖師賜授袈裟為信物。

一九二八年戊辰歲　五十六歲

一月廿六日，正月初四日。師於圓明精舍預修《無量壽佛供養法》法會三天。

二月。真言宗居士林及圓明精舍弟子為祝禱師閏壽佳辰，黎大阿闍梨特別編撰《無量壽佛觀行供養儀軌》及《聖不動尊御扎守加持法》，供弟子修持。

二月十五日。居士林林友提前預修《無量壽如來供養儀軌》、圓明精舍弟子則修持《藥師如來懺法》各三天，為師祝壽。

二月十五日。師感兩堂弟子誠敬，特於圓明精舍修持《無量壽如來供養儀軌》，並上表回向弟子并父母宗親同沾聖佛加持，福壽延增。其表云：「**弟子宿生慶幸與佛有**

◆ 權田雷斧大僧正賜授之袈裟（左邊）

緣，學戒尋師，得入輪壇灌頂，投花得佛。幸逢極樂慈尊是以專志行持，冀獲本尊而加被，開壇普度，用報大聖之洪恩，聚眾一堂，哆哆和和而念誦，皈依三寶，林林總總以投誠。本期代佛以宣揚，豈敢受人之供養，無奈未能免俗世法支離。值閏月初四之期，乃圓明生辰之旦，合兩堂之善友祝嘏，同伸連兩月之生辰，皆修法事奉修無量壽佛之供養，禮誦藥師古佛之真經。弘法利生，布施作福，以祈福慧增益，壽命延長，承此良因回向林友父母宗親，同沾幸福，乃至法界利益均沾。弟子感其愛親之孝思，敬其行善之美德，且也承時學法修習觀門，值此勝因，理當隨喜用特先修供養，答謝同人實行平等之布施，回向同林之善願。維日結界，建立方壇，修五悔而消罪愆，奉六事而修供養，遵儀軌以作法，竭誠懇以祈求。伏望大願不違，神通感應。放毫光而朗照，紅若頻梨；滅罪障以澄清，淨如霜雪。一心不亂，三昧現前。水鳥樹林，昭示西方勝境；天花仙樂，迎來聖眾蓮臺。法力加持大眾，咸蒙福祉。」

二月廿一日。黎大阿闍梨與師於圓明精舍修持《大聖不動明王供養念誦次第》兩天，圓隆之時增修《加持扎守法》，以分贈真言宗居士林及圓明精舍弟子，祈求明王守護，「使眾信佩之吉祥，清除災障，供者獲福，壽域同登。五福九如，同獲華封之祝，兩堂眾信咸蒙法化之恩。」

三月十四日。黎大阿闍梨與師再修持《大聖不動明王供養念誦次第》兩天，並修《加持扎守法》，供信眾佩備，消災免難。

二月廿四日，農曆二月初四日，師閏壽誕辰。黎大阿闍梨率領居士林弟子奉修《無量壽供養儀軌》七天，為師祝壽，並祈三寶護持，佛行事業順利完滿。

是日。師回贈「大聖不動明王扎守」，答謝林友祝福美意。

三月廿五日，農曆閏二月初四，師之閏壽。師率領奉修《無量壽如來供養儀軌》七天，並聯同居士林九十九名弟子具名上表，請求佛光加庇張師母，表云：「伏以淨土莊嚴七寶樓臺金世界；法身明妙無邊光燄紫琉璃。稽首蓮邦，祈求景福　茲有娑婆世界，南瞻部洲，香港埠佛教真言宗居士林弟子黎乙真暨同林弟子（名略）合家眷屬人等，謹於戊辰年又二月四日，敬為奉修《無量壽如來供養儀軌法》以祈集福迎祥祝壽功德事，肅具表文上白：真言教主三世常住淨妙法身摩訶毘盧遮那如來、兩部界會諸尊聖眾、本尊大聖極樂化主無量壽佛、觀音、勢至諸大薩埵、蓮花部中一切聖賢、外金剛部護法諸大天等，惣佛眼所照盡十方恒河沙數世界，重重無盡三寶座前，曰：竊以壽者德酬，唯修德可延壽算，福因善積，能作善可結福緣，合誠意以祈求，冀垂恩而錫嘏。爰有張子，道號圓明，乘慈願以出生，現人身於女界。少年守禮，盡人道之倫常。壯歲修行，稟佛家之戒律，入輪壇灌頂，法派豐山，啟蓮花藏心。專修淨土，作福善則不讓當仁，修觀行則精勤無怠。菩提大志，老而彌堅。際茲末法時期，妖氛遍地，顧彼女界陷溺殊深，不有志者起而拯拔，詎可能出此水深火熱耶？今幸吉光耀宇，喜明月以投懷；紅日當天，幸慈航而入世。眾等荷蒙引進，同登法壇，逢茲閏壽佳辰，理合恭行祝典，慶壽星於南極；啟法會於西方。嚴淨壇場，誦七天之密語；虔修供品，輸一片之精誠。布列香花，慇重供養上獻十方三寶，供奉淨土慈尊，傳密印而開觀行法門，濟孤魂而施甘露法食。七天功德，三時上堂，以此微誠，耑伸祈禱，伏望六通感應，三密加持。無垢淨光放萬紫千紅而朗照；無邊壽命偕千祥百福以齊來。庶使諸障消除，慧根增長，道緣廣結，善友雲來，種萬樹之菩提，枝枝競秀；洒大千之法雨，點點皆春。善願無邊，決定圓滿。又願承此功德，回向眾等，父母宗親增延福壽，回向天下法界，利益均沾。更祈佛聖垂恩，本尊護念，令弟子等，智珠朗耀，心月光明，晝夜吉祥，福星拱照，參禪入觀，見西方如在目前；果滿功圓，到樂邦如伸臂頃。竭誠懇禱，伏冀冥加。誠恐誠惶，百拜頂禮，謹表上白。恭望鴻慈，俯垂洞鑒。

旹維民國十七年歲次戊辰又二月初四日修供祈福表文具呈。」

三月廿五日。逢閏壽之辰，師特依高野山慧心僧都筆意恭繪〈二十五聖來迎圖〉永遠供奉，祈請二十五菩薩「護行人於生時，及接引行人於臨終也。」

三月廿五日。兩堂弟子恭逢師之閏壽，備呈賀禮，為之祝賀。

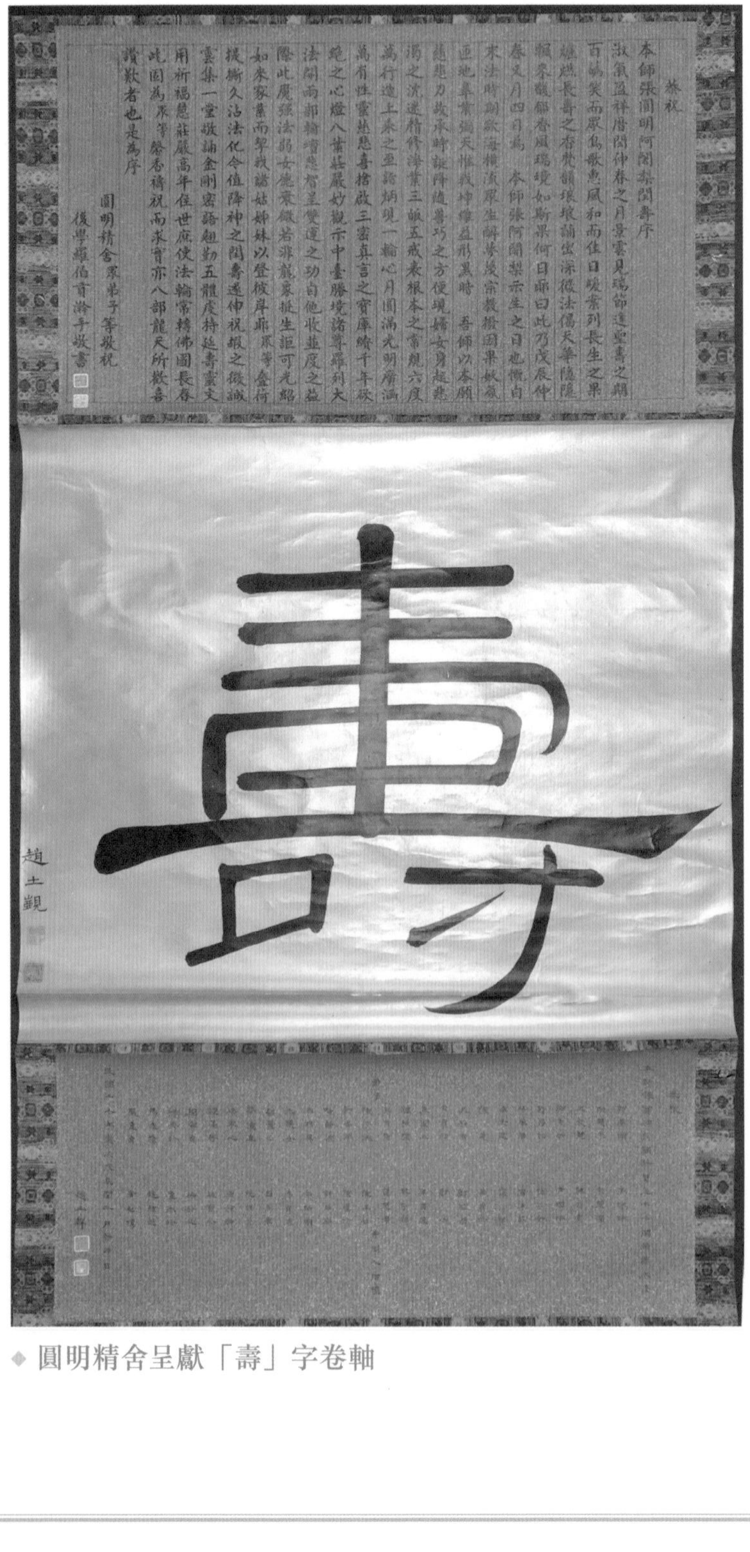

◆ 圓明精舍呈獻「壽」字卷軸

其一

圓明精舍弟子聯合呈獻〈女道友送壽字〉卷軸

恭祝

本師張圓明阿闍梨閏壽序

淑氣盈祥，曆閏仲春之月；景雲見瑞，節逢聖壽之期。百藹笑而眾鳥歌，惠風和而佳日暖。案列長生之果，爐燃長壽之香。梵韻琅琅，誦出深微法偈；天華隱隱，飄來馥郁香風。瑞境如斯，果何日耶？曰：此乃戊辰仲春又月四日，為　本師張阿闍梨示生之日也。慨自末法時期，欲海橫流，眾生醉夢，蔑宗教，撥因果，妖氛匝地，皐業彌天。惟我坤維，益形黑暗　吾師以本願慈悲力故，承時誕降。隨善巧之方便，現婦女身；起惡濁之沈迷，精修淨業。三皈五戒，表根本之常規；六度萬行，造上乘之至詣。炳現一輪心月，圓滿光明；廣涵萬有性靈，慈悲喜捨。啟三密真言之寶庫，續千年欲絕之心燈。八葉莊嚴，妙觀示中臺勝境；諸尊羅列，大法開兩部輪壇。悲智呈雙運之功，自他收並度之益。際此魔強法弱，女德衰微，若非龍象挺生，詎可光紹如來家業，而挈我諸姑姊妹，以登彼岸耶？眾等疊荷提撕，久沾法化，今值降神之閏壽，遂伸祝蝦之微誠，雲集一堂，敬誦金剛密語，翹勤五體，虔持延壽靈文，用祈福慧莊嚴，高年住世，庶使法輪常轉，佛國長春。此固為眾等馨香禱祝而求實，亦八部龍天所歡喜讚歎者也。是為序。

圓明精舍眾弟子等敬祝

後學羅伯貢澣手敬書

恭祝

本師張圓明阿闍梨耶五十七閏榮壽大慶

郭養明　李珮瑜　阮慧光　李慧瀾

王光慧　陳節貞　郭秀珊　黃瓔珞

鄺昌譜　伍珍佩　梁華碧　關坤載

潘念慈　羅　順　陳　蓮　葉秀珍

尤妙玄　鄭閏嬌　黃貞福　鄭　英

董圓玉　梁昌慈　譚聖聞　黎信婷

弟子莫育信　羅慧澤　陳修德　陳至妙等同人頂禮

鄧杏華　陳瓊珍　陳靜嫺　郭昌盛

馮瑞屏　張仲明　王慧女　馮省德
招鷲山　呂秀麗　蔡德真　趙顏愛
梁翠心　周婉卿　譚藻馨　姚寶珍
周舜貞　梁妙心　楊美珍　盧淑珍
馬志信　趙顏芝　嚴惠貞　黃弘瓊
民國十七年歲次戊辰閏二月初四日　趙士韡

其二

佛教真言宗居士林同人敬呈福字卷軸
中華民國十七年歲次戊辰閏二月四日

真言宗居士林敬送「福」字卷軸

張女士圓明阿闍梨設帨佳辰，眾等夙荷提携，深蒙策進，藉福星以遍照，欣壽域之宏開，謹藉葵誠，聊申藻祝。竊維女士以大樂菩薩，乘願再來，現女人身，弘揚三密瑜伽教法。泛慈航於五濁苦海；度眾生於八德蓮池。燃千年長夜之明燈，開億兆人天之眼目，是則女士之垂迹，寧惟眾等所欣幸。實於法界群生，有無量之福德因緣也。欣逢象王之誕降，同祈鶴筭之緜長。爰集道侶於一堂，奉修無量壽之供養，淨光普照，福慧雙增。願以此功德回向林友父母宗親，藉佛威神，同沾利益。謹書鄙語，用紀勝緣。頌曰：

嶺南佛地　六祖家鄉　山川靈秀　屢誕賢良

爰有大士　示現沙囧　乘願降世　苦海慈航

現女人身　建立法幢　道通顯密　戒德清涼

金胎兩部　大法弘揚　爲人天眼　作暗室光
法門龍象　淨土資糧　同人慶幸　蒙引登堂
嘗甘露味　嗅薝蔔香　值兹閏壽　忭悦相將
誦經修法　莊嚴道場　祝延世壽　山高水長
福智圓滿　百世流芳

佛教真言宗居士林同人敬祝

馮寶璠敬撰　胡隋齋敬書

恭祝

張圓明阿闍梨耶五十七閏壽大慶

楊儉夫　譚以炯　巢翰華　歐陽逢伯

梁保礎　羅伯貢　黃慧玉　譚漸磐

譚喬上　簡玉階　秦景翹　梁季寬

方太玄　歐陽藻裳　范鳴石　馮重熙

胡隋齋　蘇式之　何　驤　黃俠毅

麥錦麟　梁濟公　何茂林　阮悟緣

趙士覲　伍賫予　周亦僧　馮達庵

吳偉士　鄒覺非　黃慧圓　吳伯凱

後學鄺　明　趙士養　陸鴻飛　陸無為等金剛合十
陳步偉　譚佩芝　孔曼殊　傅秉坤
吳潤田　秦隱菴　趙士偉　趙士南
劉君瑞　蔡惠普　盧祖樑　盧祖釗
梁星標　趙士韓　何伯熙　黎壽勝
盧祖炳　盧祖榮　歐陽子和　梁鉅墀
歐陽子平　吳子平　歐陽子全　歐陽子餘
趙不羣　趙不畏

民國十七年歲次戊辰閏二月初四日　梁濟公薰沐敬書

又

熊秀貞、陸灼文題贈「二月初吉　載錫之光」卷軸致賀。

三月（農曆二月）。內姪漢樑、炳坤，特為伯娘壽辰禮懺佛事，祈禱長壽康健。

約春夏季間。師修持《大隨求陀羅尼》並親筆抄錄一部，加以手工精裝，以示尊法。

四月六日，農曆閏二月十六日。師發心作第三次掩關，定期四十九日，修法禮懺，求遺除多生罪障，色力康強，為未來弘法事業積聚資糧。其掩關表文云：「竊維弟子無明惑業積習，多生六根六塵妄作無邊之罪，十纏十使造成無限之愆故。今世雖得人身，常受迍邅病苦，色力疲敗，疼痛難禁，名醫屢治而不痊，藥石紛投而未愈，自知宿業之所致，欲祈法力以轉移，是謹閉關一心念誦七七，竭誠祈禱，時時觀誦密言，以祈諸障消除，病魔早退……伏望本尊佛母鑒愚誠而法

手抄《大隨求陀羅尼》經本

力加持，七佛如來起慈心而消除病苦，十八神通妙臂振我病根，六角妙藥金壺愈諸痼疾，令我神清氣爽，身壯力強，俾得入觀參禪，行功立德。弟子誓除惡法，誓度群生，用報四恩，拔超三有，如有背誓，甘墮泥犂。謹此誠求，伏希感應，誠惶誠恐，百拜頂禮。」

五月廿四日，農曆四月初六日。師第三期掩關圓隆，設供上表云：「竊維宿生定業，唯三密力可以消除；曠劫沉冤，須六神通乃能解脫。弟子自從無始以至今生，逐妄迷真，造出無邊之罪；執人着我，積成有漏之因。今世雖得人身，屢歲頻膺重病，欲辦道則殊無氣力，欲念誦則缺乏精神。深恐人命無常，虛生浪死，有辜三寶，莫報四恩，悉地不成，終歸淪落。是以掩關觀念，希求法力以加持，不間修持，冀藉威光而擁庇，遂涓吉是日結壇，虔備香花淨供，禮拜藥師寶懺，供養佛母慈尊四九天，觀念密言，每七日勤修懺悔，殷勤祈禱，渴望加恩，伏冀本誓不違，大慈垂念，十八臂神通拯拔脫我罪根，十二藥甘露灌輸，消吾惡病。蓮花聖眾垂慈念以施恩，日月薩埵運悲心而朗照。諸夜叉而擁護晝夜吉祥，八部眾以扶持身心迪吉，令我色力康強，福慧增長，善願圓滿，成就悉地早成。俾我盡此餘生弘揚佛化，圓滿二利，拔濟四恩，更祈弟子眷屬安寧，尊人吉慶。護關道友，同沾法雨之恩。精舍同人共沐佛光之照。誠惶誠恐。」

五月廿八日。舉行第二屆受戒灌頂法會，是日啟壇傳授三昧耶戒。翌日傳授胎藏界灌頂，受法者共九人，包括馮重熙、趙士偉、姚陶馥等。

七月廿九日。為法友陳靜嫻尊翁及鄺昌譜之壽堂修持經懺，回向蓮生上品。

八月七日。購入大坑二四六一段共一萬六千尺地段，決心建立佛教真言宗女居士林，創立輪壇，弘揚密法。預算花費五萬元建設道場，隨即籌募建築費及打點建壇事項，備極賢勞。

約夏秋季間。師以痼疾違緣尚待肅除，發起第四次掩關，精修十四天，並上表云：

「竊維定業宿寃，非密法莫能救濟，沉疴痼疾唯法藥乃可救療。弟子顛倒多生，沉迷屢劫，或自作或教作，造成有漏寃因，或有心，或無心，成就無邊苦果，是以今生受報，諸障齊來，痛苦酸辛，歷連年而屢月是非怨謗，竟紛至而沓來。自維障重如斯，若非仗三密加持，曷解千生罪垢，是以閉關修法，觀念密言，再次再三，哀求懺悔。又蒙佛母之默示，許我獨自修持，自八日以入壇，今□七圓滿，藉諸尊之慈護得四大以畧安，銘感深恩，聊伸謝悃，用謹具六般微供。上奉十方聖賢。諷誦秘密之真言。敬禮□□之寶懺，爐爇名香五分，燈燦光焰七星。瓶簪黃菊紅蓮，盆奉黃橙綠橘。一心捧献，五體皈誠，仰求佛母，證誠懇禱，諸尊攝受。」

八月廿五日。為先友嚴惠貞居士修持《大淨土懺》，藉禮佛懺悔功德，回向先靈得渡，早登淨域。

八月。權田祖師覆函致候，並對師創辦佛教真言宗女居士林，建立密教專修道場，大弘密法，接引女眾信徒，表達慶悅無極。

八月（農曆七月）。師親筆抄錄《施餓鬼作法》一部，作行持及收藏。

九月十七日，農曆八月十五日，中秋節。黎大阿闍梨為師傳授大傳法院流《金剛界護摩念誦次第》。

十月四日。師為法友馮愛珍修持經懺，回向亡者解除結縛，托生蓮臺。

貴地富教尊修道場建立完納慶悦無極

拜啓病氣未向訊討料日銀二十五元及八月十日

訊貴函正入手拜見數回盛意不耐感激之至只

管感謝々々目下病後尚服藥靜養不能委悉

乞恕令年和南　　權田雷斧

黎乙真居士

張圓明法尼　　參法座下

日本昭和三年八月廿二日

上海九華堂寶記製箋

◆ 權田雷斧大僧正來函對成立女居士林表達慶悦無極

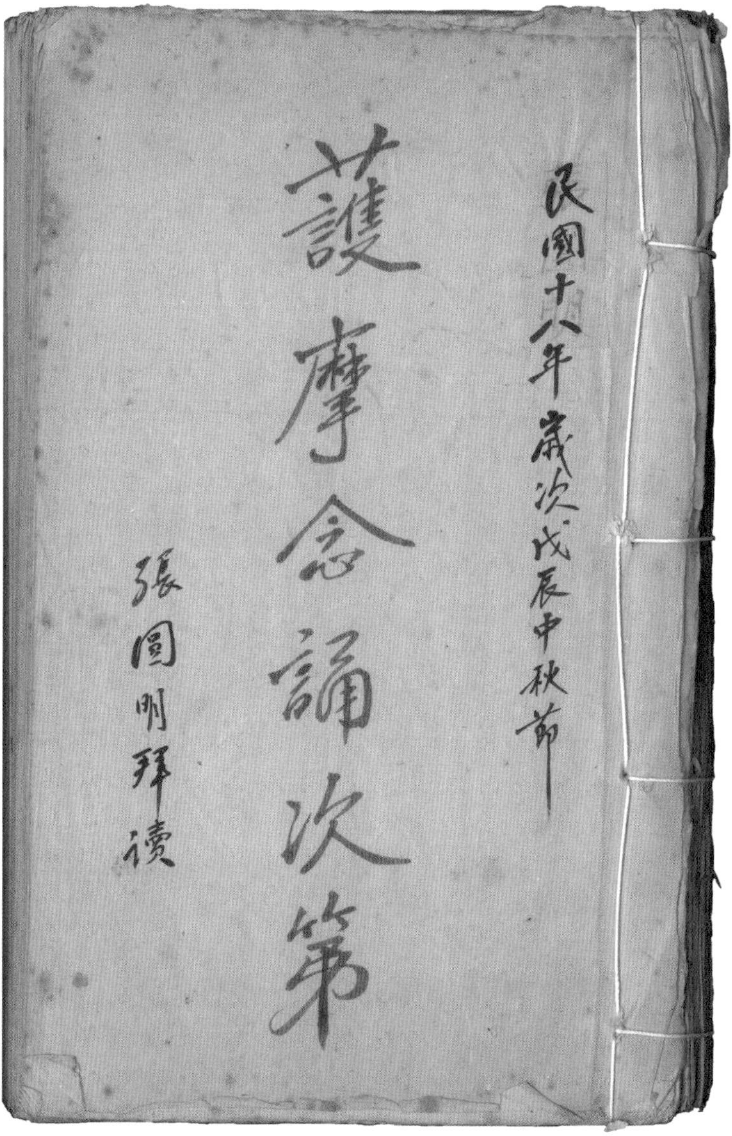

◆ 修持《金剛界護摩念誦次第》

約秋冬季間。師以男林搬遷在即，又值女林草創，法務紛纏，既為平息違緣，亦資長久道糧，發心作第五次掩關，奉佛開壇，嚴修印咒，呈具表文云：「竊維業力牢持，作惡因必招苦果。佛恩用錫，懺乃可消災。托生中土，幸得人身，未報劬勞，慘遇慈親之棄世，欲求脫苦，錯投外道以盲修。加以宿障牽纏，常被惡緣而擾亂，病魔束縛，久為痛苦以相攻。幸逢善友提携乃得皈依佛法，於是洗心滌慮，懺悔罪愆，滬地香江兩處藏修至道，持明入觀，幾番閉戶專修。幸蒙法力以加持。叠荷佛天而擁庇。雖未病魔盡退，但覺苦惱漸輕。惟是障礙未除時，召是非口舌，身心未淨，不逢善侶維持，是以卜吉入壇，再修觀誦。稟承默示一七閉關，供養佛母諸尊。敬禮藥師寶懺。懇禱無量壽佛。祈求一字金輪。伏望列聖加持，本尊感應，施妙藥而愈諸毛病，放光明而照破陰魔，令我宿疾早除，善根增長，六時迪吉。四大輕安，消罪業於無何有之鄉，集福慧於大莊嚴之境。時逢善友，同心助辦道場，化盡是非，合力振興密教。家庭安慶，尊長蒙庥，圓滿二利之功勳，報答四恩之大德。密日光輝照耀河沙世界，慈航普度拔濟無量有情。善願無邊，伏希圓滿。和南百拜。」

十二月（農曆十一月）。真言宗居士林遷入大坑光明臺暨黎大阿闍梨榮任住職，師率圓明精舍弟子致送「祖印重光」匾額祝賀。

十二月十六日。居士林暨圓明精舍眾弟子，為居士林遷入新址奉修《佛眼佛母》大法。

十二月。師率領圓明精舍同人題撰聯句：「香雲彌布，花雨紛披，無邊寶蓋貌臺，共入維摩大室；密印親承，宗風重振，兩部金剛胎藏，弘開大日輪壇。」賀真言宗居士林新址落成及諸佛崇陞。

一九二九年己巳歲　五十七歲

約是年。師按居士林章程草擬女居士林章程，訂明「本林以研究真言宗為專門功課，及集合佛教女徒，同謀慈善事業，及社會教育，并研究佛學，秉教修行，不拘國籍。」宗旨明確。

二月九日，農曆戊辰年十二月三十日，大除夕日。師率領圓明精舍弟子舉行酧恩祈福法會。

三月十四日，農曆二月初四日，師壽辰。特修持《藥師懺法》，祈增延福慧。

五月四日。黎大阿闍梨與師於圓明精舍修持《大聖不動明王供養念誦次第》，圓隆之時增修《加持扎守法》。

五月十九日。師為圓明精舍弟子馮省德淨女往生修法，並傳授大佛頂咒，回向蓮生上

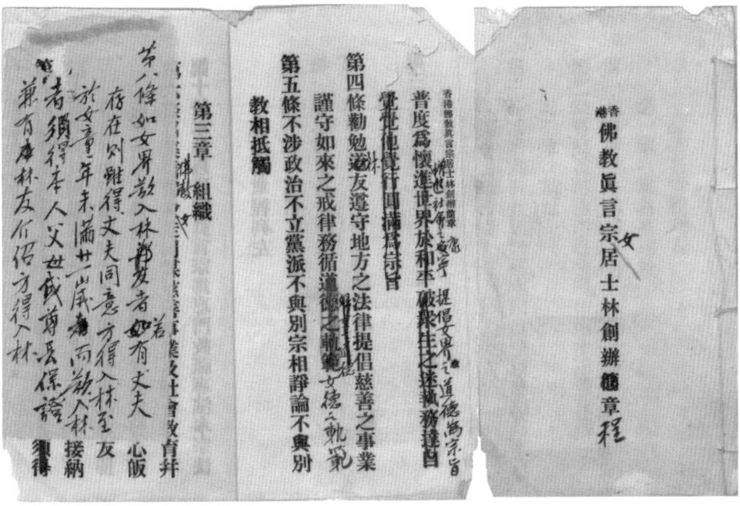
香港
佛教眞言宗女居士林創辦章程

香港佛教眞言宗居士林創辦簡章
普度爲懷進世界於和平破衆生之迷執務達

第四條勸勉道友遵守地方之法律提倡慈善之事業
謹守如來之戒律務循道德之軌範
第五條不涉政治不立黨派不與別宗相諍論不與別
教相抵觸

第三章　組織
第八條如女界欲入林者如有丈夫存在則雖得丈夫同意方得入林
於女童年未滿廿一歲而欲入林者須得本人父母或尊長保證
兼有本林友介紹方得入林

◆《香港佛教真言宗女居士林創辦章程》草稿

品，道果成就。

六月二日。為馮省德淨女三七之期修持《楞嚴懺》，祈請「如來佛頂放光明而照徹中陰，神變咒心現法力而除其細惑，使其罪花凋謝，慧葉叢生，上生法王之家，引入金剛之族，圓成慧果，證無上菩提，回入娑婆，度無邊之含識。」

六月廿八日。是年大旱已滿九個月，民生苦困，草芥不生，苦不堪言，黎大阿闍梨聯同師領導居士林及圓明精舍弟子建立水壇代眾生而請雨，修法廿一座（共十四天），持誦水天真言二百萬遍，祈求「眾龍王共顯神通，八部神同施法力。沛然下雨，傾盤而滿谷滿坑，輕拂和風，解慍而不除不疾，庶使三草二木，仗甘霖而眾綠叢生，萬眾群黎，沐恩波而解除煩渴，大顯真言之法力，普度群生，增長民眾之信心，皈依佛法。」

七月二十日。以前月祈雨修持圓滿後，「幸蒙佛聖加持，天龍護念，與大慈而感應，本弘願以不違闡揚密教之宗風，廣布真言之法乳，三七兩日，皆蒙甘露殊恩施，二七功圓竟獲滂沱大雨，雖未得池塘遍滿，亦可使涸鮒重甦，德被群生，恩同再造。」於是續修祈雨法十四天，圓滿二百萬遍真言，「伏望列聖垂慈，諸天感應，受我微供，鑒此愚衷，再降甘霖，大顯真言之法力，弘施法雨，宣流密教之宗風。淨水充滿於大潭，共得平等之甘露；法雨恩施於港地，同除熱惱之饑虛。種道樹之菩提，沾甘雨而發生慧果；泛慈航於苦海，得和風而覺岸同登。」

八月十九日，農曆七月十五日，佛歡喜日。黎大阿闍梨以女居士林積極籌建，特重錄《菩提心戒義》及《弘法祖師遺誡》，託請紳商林鳳生居士書丹，備日後標懸女居士林大堂，策勵林友，精進修持。

十月（農曆九月上旬）。師親筆恭錄《圓明日課》一部。乃自編製之修持誦本。

十一月五日，農曆十月初五日。師領導居士林及圓明精舍弟子修持《藥師寶懺》，為黎大阿闍梨祝壽，祈願長年住世，慧業廣增。

十一月廿一日。師為弟子黎寶芝居士往生修持《地藏懺》，回向蓮花化生。

十一月。師以女林建立，開歷史之先河，意義非凡，得請篆刻名家馮康侯為女居士林刻製印章，以示隆重。

約是年底。師與黎大阿闍梨就新女居士林佛龕格式佈置與坐向等事，反覆研討，包括選用：一、用九峯八柱須彌壇；二、用兩層多寶塔；三、仿照華芳之小模型等。考慮細緻慎密，顯見師勞心盡粹之悲願。

◆ 自編《圓明日課》儀軌

是年。師親筆恭錄《佛母準提觀行法門》一部，作女林永遠供奉保存之法寶。

一九三零年庚午歲　五十八歲

一月九日。師應邀往廣州弘法，在泰康路菽園攝受弟子共廿九人。

二月四日，立春日。師領導圓明精舍及居士林弟子值歲首修法十二天，祈禱國家安穩，戰事平息，三災縮退，生民平安。

三月廿五日。為弟子梁妙心居士修法祈福，早除病患，色力增強。

五月六日，農曆四月初八日，浴佛節。位於大坑光明臺十一號之香港佛教真言宗女居士林大樓工程完竣，行將開幕，師先期晉院擔當住職。黎大阿闍梨率同真言宗居士林林友趙士覲、梁濟恭、譚榮光、方養秋、馮達庵等數十人聯名送贈「女身成佛」匾額致賀，額文云：

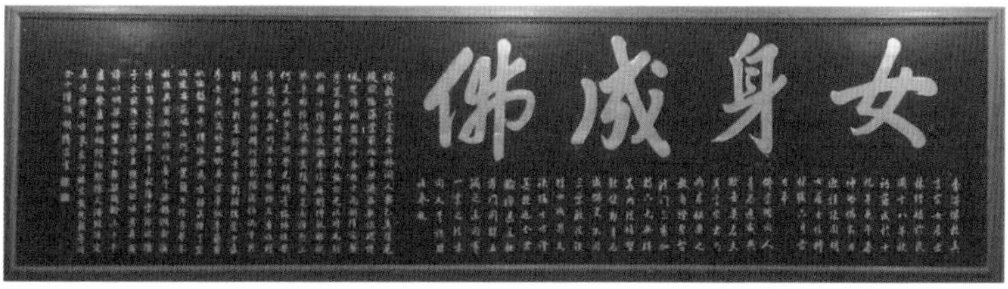

香港佛教真言宗居士林贈送「女身成佛」區額賀女居士林開幕

「香港佛教真言宗女居士林經始於民國十八年秋初落成，於十九年庚午春仲浴佛之日，迎請張圓明女居士住持林職。六月吉日奉 佛崇陞。同人等恭逢盛典，歡喜莫名。夫真言宗者，乃如來秘奧之教，自證聖智法門，三密加持，六大無碍，若如法修習，能使即身而成佛。至不同三乘教法，須轉女成男，又須隔生方證菩提也。今者輪壇建立，秘藏門開，解五漏之函囚，布一乘之法味。同人等謹題此奉祝

佛教真言宗居士林同人黎乙真、趙見機、歐陽藻裳、羅伯貢、梁濟恭、梁保礎、譚佩芝、譚漸磐、趙士養、趙士南、胡隋高、梁季寬、崔獻頌、黃警民、楊證光、汪時、馬衍椒、趙士偉、秦景翹、秦穩庵、劉傳秋、郁明、梁卓彬、陸鴻飛、梁叢隱、羅芝岳、譚喬上、何克夫、林少泉、胡榮光、

胡青瑞、林恆樂、章筠軒、唐巽行、蔡惠普、楊儉夫、盧祖釗、盧聖樑、麥錦麟、何驤、歐陽逢伯、馮重熙、劉安甫、劉震章、凌景鑾、劉穎儒、葉少磊、李奐堯、何茂林、容樹屏、方養秋、李蘭甫、姚陶馥、周亦僧、陸無為、方悟真、鍾了空、馮達庵、范鳴石、何性覺、簡玉階、麥華、朱超、張異靈、周昨飛、伍賚予、梁錫鴻、俞漢章、歐陽子和、歐陽子平、歐陽子餘、歐陽子全、歐陽子清、梁星標、梁鉅墀、黃壽園、譚以炯、梁裕豐、趙士韡、梁顯齡、吳子平、盧祖榮、盧祖炳、何伯熙、陳天溥、歐陽定嘉、方梅生、方秉生、方端生、黃俠毅等同合十讚頌。胡隋齋書」

同日。黎大阿闍梨為女林落成撰大雄寶殿聯句：「龍女獻寶佛母加持一座瑜伽成正覺；鉄塔傳經金胎布教無邊福智益羣生。」延請國民政府要員胡漢民書丹，相當珍貴。另又為女林內奉祠之林友祖先龕位撰聯：「生如來家入金剛族；登密嚴土得淨妙身。」

又，圓明精舍弟子仝寅送贈「香光莊嚴」匾額誌賀。

五月。女居士林行將開幕，黎大阿闍梨得佛啟示修持《佛頂尊勝法》，特別編撰《大聖佛頂尊勝陀羅尼供養法》。為廣佈宣揚本法，另從《大藏經》中整輯相關經文，並撰〈重刊佛頂尊勝陀羅尼記〉、〈手寫陀羅尼梵字附小誌〉及〈附加說明〉三篇，合編成《佛頂尊勝陀羅尼梵漢合璧》。

六月廿六日，農曆六月初一日。香港佛教真言宗女居士林開幕，請黎大阿闍梨帶領修持《佛頂尊勝陀羅尼法》十五天。

七月一日。黎大阿闍梨為女林新設土地壇題撰「龍天聖眾同慈護；土地神祇增威

女居士林三樓佛殿及祖師壇

龍女獻寶佛母加持一座瑜伽成正覺
民國十九年四月八日真言宗女居士林落成誌慶
鐵塔傳經金胎布教無邊福智益羣生
黃乙真撰聯胡漢民書

◆ 香港佛教真言宗女居士林開幕，請胡漢文先生撰佛殿對聯

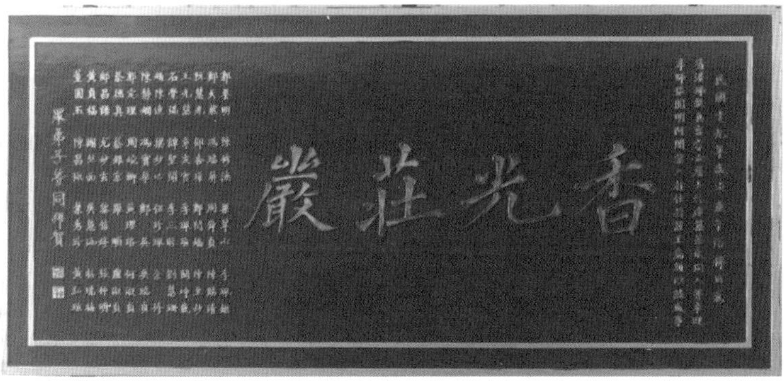

◆ 香港佛教真言宗女居士林落成，兩林弟子敬送紀念匾額

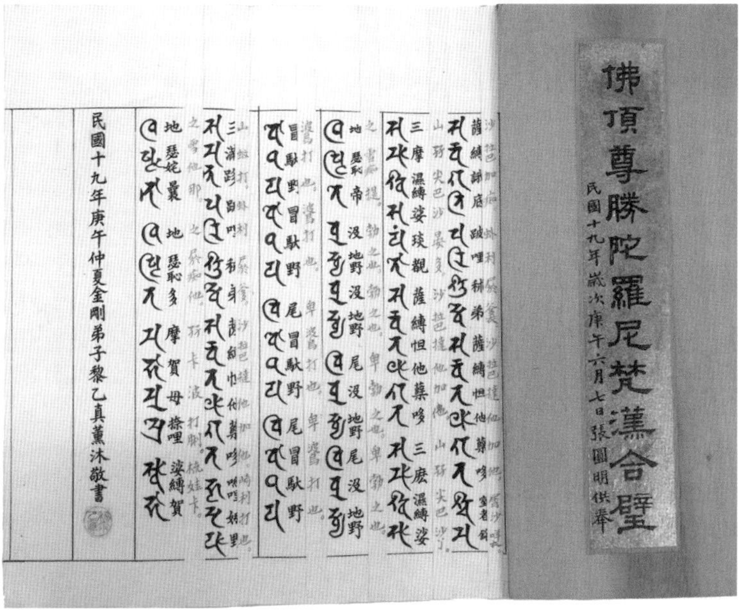

◆ 女林開幕編撰《佛頂尊勝陀羅尼》

光。」聯句。

七月二日，吉時。黎大阿闍梨主持佛崇陞開眼作法。師則為女林開幕，呈表宣疏，表云：「伏以天女散花，香滿維摩丈室；輪王瑞相，光輝大日圓壇。建海岸之法幢，開人天之眼目。茲有娑婆世界，南贍部洲，中華民國南部海濱香港光明臺，佛教真言宗女居士林弟子張圓明等，暨同林弟子及眷屬人等，謹為建立輪壇，以普度群生，闡揚密教法事，謹於民國十九年歲次庚午又六月朔日，開壇祈福，奉修《佛頂尊勝陀羅尼禮誦儀》七天，至初七日午，恭行供養兩部界會諸尊開眼作法，隨續念誦陀羅尼至望日圓滿。謹具表文，上白真言教主三世常住淨妙法身摩訶毘盧遮那如來；兩部界會諸尊聖眾；佛頂尊勝大轉輪王；八大佛頂諸大轉輪恒河沙菩薩；遍法界金剛十方三寶諸尊，聖眾座前，竊維天上

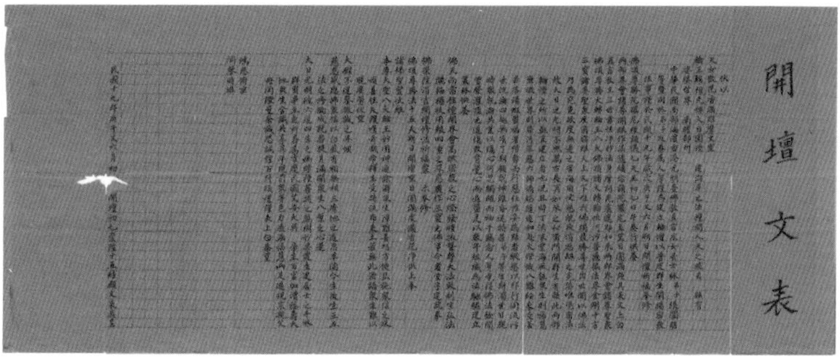
開壇文表

香港佛教真言宗女居士林開林表白

天下，唯我佛獨最勝尊。世出世間，以佛法乃為究竟。欲度無邊之苦海，須仗慈航；欲消歷劫之寃愆，唯憑密法。故大日之光明不照，萬古長冥；如來之秘密門開，群生有賴，此兩部輪壇之所以亟宜建立者也。況且，時丁法末，業海風狂，眾生則福慧衰微，世界則染污罪惡，六師煽熖，隨逐如赴火燈蛾；八難紛來，受苦若落湯蝦蟹。福者借勢而行惡，任性妄為；黠者縱慾以邪行，同流污世。沉淪四趣，無有了期。顧我坤維，昏迷特甚，弟子等生斯濁世，目覩時艱，既淪共業以傷心，何忍獨醒而袖手。竊念人身幸得，佛法欽聞，曾登灌頂之道場，敢背覺心而退墮？是以數年組織，為法馳驅，建立叢林，供養佛天，而常住壇開，界會高燃，密教之心燈，發瞶振聾，擊大法鼓，利生弘法，灑遍楊枝，用報四重之深恩，廣作三寶之佛事，今者堂宇建就，奉佛崇陞，涓吉開壇，修法祈福。蒙　示奉修《佛頂尊勝法》十五天，朔日開壇，望日圓滿。虔備香花淨供，上奉諸佛聖賢。伏維本尊大聖，八大輪王，妙用神通，除解眾生障難，善巧方便，弘施眾信之麻禎。善住天子，讚嘆奇哉！帝釋主受持流布，東土若無此密語，眾生難以脫塵勞。伏望

大願不違，鑒微誠之丹悃，慈悲感應，拂眾信以白風。有相無相，三摩地之道果早圓；今生後生，三五法之修驗成就。菩提月滿，開眾生八葉之心蓮；大日光明，破六道四生之幽暗。種菩提之萬樹，妙果叢生；建居士之千林，群賢畢至。更祈眷屬吉慶，民國艾安，大英帝主百官，加增福壽。大地眾生，含識共享昇平，現前眾等，色力康強，福慧兩足。過現宗親父母，同證曼荼。誠恐誠惶，百拜頂禮，謹表上白，恭望鴻慈俯垂洞鑒。時維民國十九年庚午又六月初

一開壇，初七崇陞，十五結願。文表具呈。」

同日。師另外修持《彌勒菩薩供養念誦法次第》。

九月十四日。編錄《各種法寶目錄》。

九月三十日。林友盧聖樑居士選於女居士林舉行婚禮，禮請黎大阿闍梨任證婚人暨祝儀，並開示祝詞，實為本港佛教事業之創舉。

十月五日。師為林友張仲明居士修法，祈佛加持，求疾疫消退。

十一月四日。旅居廈門之弟子馮重熙第三度致函黎大阿闍梨，欲請黎、張兩師親赴廈門，督導建立密壇。

十一月十八日。師奉修《大日經七支念誦法供養儀》及《大日如來成佛神變加持經》。

又帶領兩林弟子修持「不動明王慈救真言」五萬遍及《無量壽如來供養法》七天，並助印《北斗消災延壽經》、廣作超幽、放生等功德，以回向師壽綿長，法緣隆盛。

十一月廿四日，農曆十月初五日，黎大阿闍梨壽辰。女林眾弟子及眷屬同贈木壽屏，賀黎祖師六秩大壽。

十一月廿四日。林友趙浩公、盧鎮寰恭繪兩祖師法相，並配撰對聯。

一九三一年辛未歲　五十九歲

三月廿二日，農曆二月初四日。逢師六秩大壽，林友梁濟恭修法三天並廣作施食、印經、放生等功德，為生母阮氏及張師祈禱福慧長壽。

五月。師延請黎大阿闍梨於真言宗女居士林舉行第一期灌頂法會，並協理入壇事務。

五月十日。黎大阿闍梨登壇為諸弟子傳授三昧耶戒。

五月十二日。黎大阿闍梨傳授胎藏界灌頂，共廿七人領受。

◆ 香港佛教真言宗女居士林舉行第一次灌頂法會

五月廿四日，農曆四月初八日，浴佛節。一連五天，師再請黎大阿闍梨登壇傳授胎藏界灌頂。合六天受灌頂人數共一百三十五人，當中五十一人專程由廣州來港求法。

師特為是次灌頂法會編修《灌頂諸尊印明錄》。

同日。一百零七名灌頂弟子聯名贈送「醍醐上味」匾額紀念。

六月廿二日。師為林友張仲明修法懺罪，回向往生淨土。

一九三二年壬申歲　六十歲

元月。為林友何淑貞主持阿彌陀佛畫像開眼作法。

三月四日。兩林弟子奉修《無量壽法供養儀》七天，專為師六秩晉一壽辰，祝禱祈福。

三月十日，農曆二月初四日。師於壽辰日捐印黎大阿闍梨新修訂之《十八道念誦次第作法事相》，供兩林弟子修持之用。

◆ 灌頂弟子贈送「醍醐上味」匾額

三月廿八日。為林友陳靜嫻、馮瑞屏、馮玉珍在堅道五十三號佛堂主持開眼作法。

五月廿八日。師親到林友謝竺西於堅道之寓所主持阿彌陀佛尊像作開眼作法儀式。

十月八日，農曆九月初九日，重陽節。師捐印黎大阿闍梨編撰之《十八道念誦次第略解（一）》，供弟子如理解讀。

十月十八日，農曆九月十九日。黎大阿闍梨抄錄〈傳法灌頂入壇儀式〉一份授予師，供於灌頂法會入壇所用。

十月廿日起。女居士林舉行第一次金剛界及胎藏界灌頂，由黎大阿闍梨傳授，師協理法務，連日合共一百零六人入壇受灌。

十一月十二日。為女林及林友主持藥師如來及地藏菩薩像開眼作法。

十一月十三日。購入東方小祇園兩股股份，支持倡導素食。

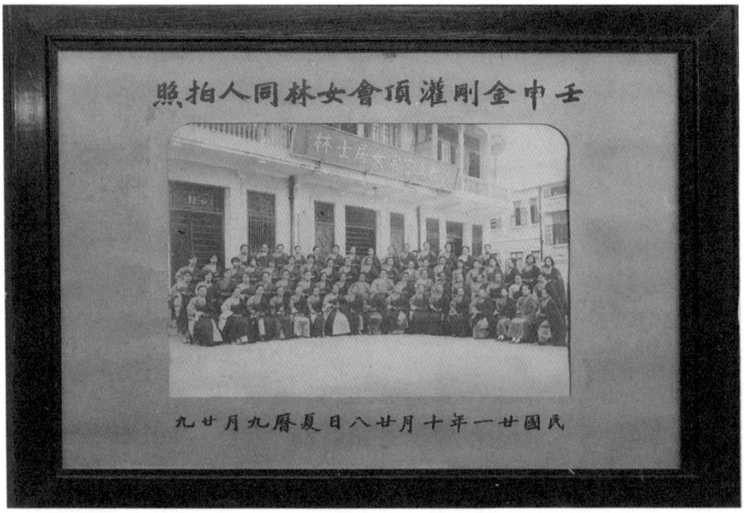
壬申金剛灌頂會女林同人拍照
民國廿一年十月廿八日夏曆九月廿九

◆ 香港佛教真言宗女居士林舉行金剛界灌頂法會

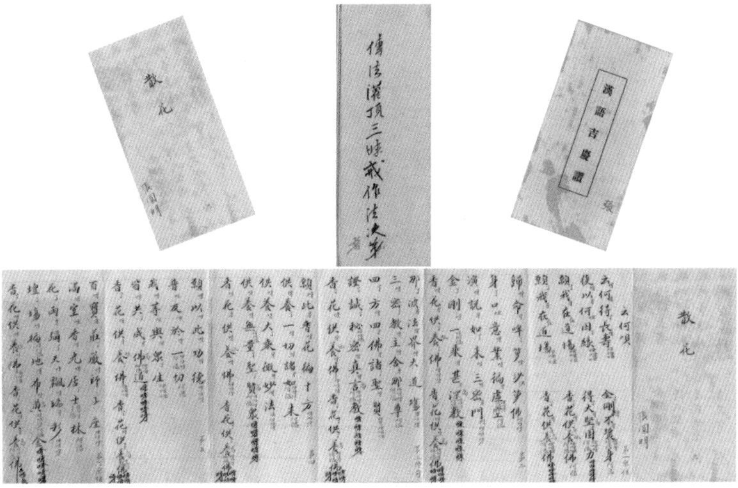

◆ 灌頂作法、吉祥讚及散花儀軌

十二月十二日。師親赴澳門為林友蕭覺倫之寓所作阿彌陀佛尊像作開眼作法儀式。

十二月廿二日，冬至日。師捐印《十八道念誦次第略解（二）》。

十二月廿三日。師親到林友陳竹生中環寓所新供奉之阿彌陀佛尊像作開眼作法儀式。

一九三三年癸酉歲　六十一歲

二月廿七日。農曆二月初四日。師捐印《佛說無量壽經》百本，並修持《無量壽如來觀行供養法》七天。

三月農曆二月。師親筆恭錄《慈氏菩薩畧愈誐念誦法》、《彌勒菩薩發願偈》、《唯識三十頌》合本，作日常自用誦本，及存放女林永遠珍藏。

四月七日。率眾修持《光明真言供養法》七天，回向「佛法久住，利益人天，兼為大地眾生祈求和平幸福，乘此良因，超度一切兵燹被難冤魂，及林友過去先靈，往生淨域。」

五月二日，農曆四月初八日，浴佛節。一連兩日，女居士林舉行第四期胎藏界灌頂法會，及續作第二期金剛界灌頂。

師特別手抄錄《傳法灌頂三昧耶戒作法》兩部作永久供奉。

五月。為梁重愷等林友主持佛像開眼作法，編成《金剛胎藏界摩訶毗盧遮那佛寶像（開眼作法）》。

七月廿九日，農曆六月初七日。女居士林林慶紀念日，師率領弟子修持《尊勝佛頂真言大法》，酹恩祈福。

八月十三日。為林友潘侶篪新奉之大日如來及不動明王寶像主持開眼作法儀式。

九月三日，農曆七月十四日，佛歡喜日。黎大阿闍梨於女林傳授《水月觀世音菩薩供養念誦法次第》。

十一月廿一日。師為林友簡而明新供奉之大日如來畫像及彌勒菩薩寶像主持開眼作法儀式。

一九三四年甲戌歲　六十二歲

二月七日。權田雷斧大僧正圓寂。

二月廿八日，農曆正月十五日，上元節。師率弟子眾等奉修不動明王真言七天，祈求本尊加持眾人「身心清淨，除結縛而堅固修行；福慧加增，度群生而無諸障碍。建道場於處處，善友雲來；結善果之累累，法才具足。兩堂眾信悉地早成，人民登衽席之安，國界享和平之福。」

初春。因權田祖師圓寂，特別以《通用本尊念誦儀軌次第》編修《般若理趣經供養念誦法次第》並傳授兩林弟子。

四月十日。師率領兩林弟子奉修《理趣經法》九日，並捐印《般若波羅密多理趣品》一百本，祈願「佛法久住，利益人天。又回向本師圓滿福智，果證菩提。法界眾生，同生淨土。」

五月十日。為林友鄺明居士壽堂陳太夫人奉修《光明真言供養法》一堂，回向冥福。

五月十七日。師為林友陳煜邦奉請之不動明王尊像作開眼作法儀式。翌日再作聖觀自在菩薩寶像作開眼作法禮儀。

五月廿日，農曆四月初八日，浴佛節。捐印黎大阿闍梨編撰的《十八道念誦次第略解（三）》。

一九三五年乙亥歲　六十三歲

一月（農曆十二月）。師為林友譚漸磐新繪之普賢菩薩及不動明王尊像作開眼作法儀式。

年初。創辦明月軒，經營法器香品及自製素食醬料，另設工場製造「萬應濟生普勝丸」等中藥。

黎大阿闍梨撰作《安靈供養念誦法》，師特為馮鄭天然女居士主持《安靈供養念誦法》。

五月。師贊襄支持英皇登基銀禧大典會景活動，獲港督貝璐爵士贈送「香雲彌布」匾額予明月軒香莊，用資紀念。

一九三六年丙子歲　六十四歲

三月六日。揭陽縣佛教真言宗研究社成立開幕，主席林雨農居士來函邀請師出席。

明月軒自製無花菓糖及印刷電板、濟生普勝丸

◆ 港督贈送「香雲彌布」匾額

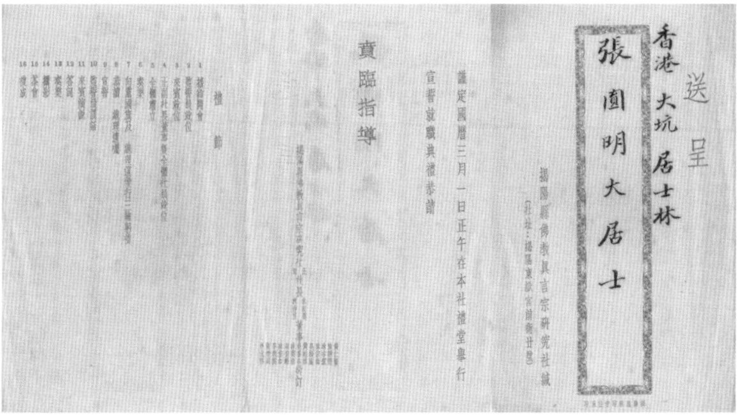
送呈
香港大坑居士林
張圓明大居士
揭陽縣佛教真言宗研究社緘
謹定國曆三月一日正午在本社禮堂舉行
宣誓就職典禮恭請
賁臨指導
禮節

◆ 揭陽縣佛教真言宗研究社開幕請柬

五月廿七日。師為林友譚漸磐主持觀世音菩薩聖像開眼作法儀式。

七月廿四日。女林六週年林慶印行黎大阿闍梨整編之《阿吒薄俱元帥大將上佛陀羅尼經儀軌節錄・無邊神力甘露大陀羅尼心咒心中心結護神咒》，即「大元帥法系列」之第一冊。

黎祖師編撰《太元無邊神力甘露陀羅尼念誦儀》，師特親手錄抄儀軌一部，並精誠修習。

十一月十七日。為林友郭定理居士於九龍城之是岸禪院佛像編撰《普賢菩薩開眼作法》。

一九三七年丁丑歲　六十五歲

一月一日，元旦日。一連三日，女居士林舉行金剛界及胎藏界灌頂，由黎大阿闍梨傳授，師協理法務，連日合共六十三人入壇受灌。

三月一日，凌晨丑時。黎大阿闍梨於香港佛教真言宗居士林示寂，世壽六十六歲。

三月一日。居士林設靈。師即編輯《黎乙真大阿闍梨赴告》。請得紳商何甘棠題字，陸灼文居士撰書像贊。其贊云：「有超出一切之思想，斯有普度眾生之意向。其於自處也則澹泊明志；其於社會也則當仁不讓，是菩薩心腸，是慈悲現相。不滅精神，永茲瞻望。」言簡意賅，實對大阿闍梨最貼切之寫照。

三月六日。師率領兩居士林弟子修持《理趣經法》七天，奉報師恩，上表宣疏。又刊印《般若波羅蜜多理趣經念誦儀》二百本，供弟子讀誦受持。

〈奉報師恩功德法事表文〉

伏以

佛力加持頓入毗盧性海；真言觀念同登阿字法門。恭燃海國名香，上達金剛法界。茲有娑婆世界南贍部洲大中華民國南部海濱香港埠佛教真言宗男女居士林弟子張圓明暨同兩林弟子眾等敬為奉　佛設供修法，祈禱奉報　師恩功德法事。謹於是日開壇，肅具表文上白真言教主三世常住淨妙法身摩訶毗盧遮那如來；兩部界會諸尊聖眾；金剛般若波羅密多經中諸佛諸尊諸大菩薩；盡十方遍法界重重無盡三寶座前。竊維鞠育劬勞，生我深恩為父母；導迷返覺，續吾慧命藉良師。故修三福為淨業之正因，報四恩乃行人之事業。茲有黎大阿闍梨乙真居士者，真言宗第四十九代祖也。慧根夙具，十三齡即虔誦真言，內學潛修，四十載以弘敷教典。博觀三藏，明達各宗，法傳根來之山，杯渡扶桑之島。入　權田之丈室，密印師承；登　金胎之曼荼，法王印可。施資財而供眾侶，捨家庭以作道場，說法傳經，開人天眼，使失傳之祖印，中土重興，令已絕之密言，香江流布。振　遮那之慧業，吾人久仰若高山，奮龍象之精神　諸佛亦為之微笑者也。方冀得享期頤之壽，兩部傳燈何期。僅屆杖國之年，一朝圓寂，弟子等五中慘怛，悲痛莫名，如舟行而失卻柁師，若嬰孩之喪乎父母。悲法燈之焰熄，痛慧日之雲遮。雙樹菩提，尚且淚下如雨；兩門桃李，能不愴地呼天乎？竊維圖報　師恩，須作法施而回向；欲酬　大德，用特上叩於空王。是以忍痛開壇，含悲禮懺，追蹤神護，禮誦般若之金經，效法青龍奉修理趣之妙法。贖延生靈之命，印施經偈之文，七日輪誠，逢旬祈禱，合優婆塞、優婆夷之二眾，供水塗花香食燈之六般，瓶簪彩雀之花盤，奉紅橙之果，香焚沉乳，水灑楊枝。上奉兩界慈尊，供養十方賢聖。逼逼微願，懇懇虔求仰願，三密加持，六通拔濟，令　本師消除細惑，福慧莊嚴，增法樂而證果菩提，現威光而兮身塵剎，降魔顕正，轉大法輪，普度娑婆，圓滿善願，弟子等誓除惡法，誓渡群生，我誓修行，如師教誨。以此微意，奉報佛恩。仰祈三寶證明，天龍昭鑒。誠惶誠恐，百拜頂禮。恭望鴻慈，俯垂洞鑒。

時維

中華民國二十六年三月六日開壇修法回向文表具呈

三月廿一日。三虞祭期，師率兩林舉行上供作法儀式。並奉唱黃繩曾居士所撰〈本師讚〉：

黎阿闍梨乙真師　大事因緣來娑婆
弱冠即奉能仁教　壯歲遙傳秘密宗
現居士身而說法　三千弟子遍南瞻
捨資饒益眾有情　化家門為道場所
利生弘法四十年　捨報安詳歸淨域
如師教誨誓修行　是故我今頭面禮
願諸世界常安穩　無邊福智益群生
所有罪障并消除　遠離眾苦歸圓寂

恒用戒香塗瑩體　常持定服以資身
波之妙法遍莊嚴　隨所處處常安樂

六月六日。大阿闍梨圓寂百日之期，張師母率領兩居士林弟子設供奉佛，修法上表，回向本師蓮生上品，成等正覺。

〈本師圓寂百日功德法事表文〉

伏以
淨土唯心，瑜伽現樹林風鳥；彌陀護念，修持證上品金臺。恭燃海國名香，上達蓮華藏界。茲有

娑婆世界南贍部洲，中華民國南部海濱香港埠，佛教真言宗男女居士林弟子
張圓明暨同兩林弟子眾等，敬為奉
佛設供，修法祈禱，回向　本師功德法事。謹於中華民國二十六年六月六
日，虔具香花淨品，結界開壇，肅具表文上白：
真言教主三世常住淨妙法身摩訶毘盧遮那如來；兩部界會諸尊聖眾；
本尊大聖樂邦化主無量壽佛、觀音、勢至諸大薩埵、極樂淨土無量聖賢；蓮
花部中諸佛菩薩；外金剛部諸大威德天等；盡十方遍法界無量一切三寶座
前。竊維
佛力宏施，開覺蓮而授記無生法忍；師恩浩蕩，續慧命而攝入兩部曼荼。非
藉　佛力之加持，曷報　師恩於罔極。原夫　黎大阿闍梨上乙下真居士者，固真

言宗第四十九代祖，而居士林之開林本師也。皈依三寶於髫齡，力行六度於壯歲，法施廣被，梵行清高，願自未度而我先度他，視人有溺猶己之溺。彼方冀纂承法乳，長獲提攜，何期遽捨塵勞，竟歸安養。弟子等如盲龜之泛海，失片木之扶持，瞻顧徬徨，中情悲慟，今者光陰荏苒，已屆圓寂百日之期；日月遷流，難竟哀慕無時之痛。是以法壇則建依三密，身命則皈於諸靈。共掬誠心，敷陳淨品，供養蓮邦聖眾，虔奉法界慈尊。區區微念，懇懇祈求，上報

佛德　師恩，下濟生靈異類。伏願

列聖哀憐。彌陀護念，放白毫而朗照；垂金手以扶持。令本師證上品而悟無生，增法樂而成正覺。分身塵剎，顯正降魔，轉大法輪，圓滿善願。更願災殃早息，眾生無冤障之侵；國界安寧，黎庶享和平之福。人持五戒，教啟三

乘。密宗廣布於環球，佛法流行於四海。兩林吉慶，二利圓成，善友雲來，法財具足，人人神通智辯，得成佛果於即身，個個悉地早圓，永劫扶持於正法。弟子等誓報洪恩之罔極，誓渡眾生於無窮。伏祈

佛聖證明，天龍昭鑒。誠惶誠恐，百拜頂禮。恭望鴻慈，俯垂洞鑒。

時維

中華民國二十六年六月六日修法回向文表具呈

夏。為輪船堂島丸大爆炸罹難先友修持《六字洪名觀念法》，迴向亡靈早登極樂。

八月十四日。將屆盂蘭盆節，兼值抗戰爆發，師率兩林弟子奉修《光明真言供養法》七天，超渡十方戰災孤魂。

九月三十日。原由黎祖師購置粉嶺地段 DD85.- Lot No. 661 轉由張師父持有。

是年。師預立遺囑，盡將名下產業捐作女居士林嘗產。

十月四日。以中日戰事爆發，師領導兩林弟子修持北斗大法九天，祈禱「國土即得安寧，眾生咸臻上壽，國殤橫死俱生淨域之中，戎首巨兇，盡起慈悲之念，冤家解釋，黎庶咸熙。」

一九三八年戊寅歲　六十六歲

三月一日。黎大阿闍梨圓寂一週年，日本真言宗豊山派總本山之大司教加滕精神大僧正、杉本良智僧正、加滕章一僧正親身蒞港，入林主持「黎乙真大阿闍梨小祥忌辰法要次第」，並由加滕大司教唱讀表白。

四月三十日。有感中日戰事嚴峻「溯自釁啟干戈，於此時經九月，戰場分為東北兩地，雙方死及百萬餘人。在彼則欲併神州，不惜慘加荼毒；在我則志全社稷，難容苟且偷生。是以屠殺則陷陣衝鋒，抗戰則穿胸斷首。槍林炮雨，屍填前線之區；炸彈飛機，血濺後方之土。烽火所過，城市為墟，魔兵之來，婦孺都盡。將軍勇士，為家邦而效死，死重泰山；編戶小民，遇旡妄之飛災，災成浩刼。」師冀息災利濟，乃率兩林弟子修法七天，濟拔枉死軍民，並祈諸佛「光明朗照隨求而亡者往生；薩埵垂慈不戰而魔軍降伏。陣亡枉死，俱生淨域之中；戎首巨兇，盡超慈悲之念。寃家解釋，黎庶咸熙，如意吉祥，福禎無量。」

一九三九年己卯歲　六十七歲

一九四零年庚辰歲　六十八歲

二月。發起刊印黎祖師所編《七俱胝佛母準提陀羅尼念誦觀行供養儀軌》一百伍十本，並請陳少齋恭繪菩薩聖像，附印於儀軌，藉資回向黎大阿闍梨福智圓滿。

十一月四日，農曆十月初五日。黎大阿闍梨七秩冥壽，師捐印《釋迦如來供養念誦法次第》一佰本，回向冥福。

一九四一年辛巳歲　六十九歲

五月十三日。師為平息戰亂，特別修持《摩利支天供養念誦法》七天。

一九四二年壬午歲　七十歲

約本年。避居廣州隱修。

八月廿五日。指派女林友作代表，向香港占領地總督部進行兩林產權登記。

一九四三年癸未歲　七十一歲

八月三十一日。將女居士林登記為佛教會所，請黎瓔珞代理林務。

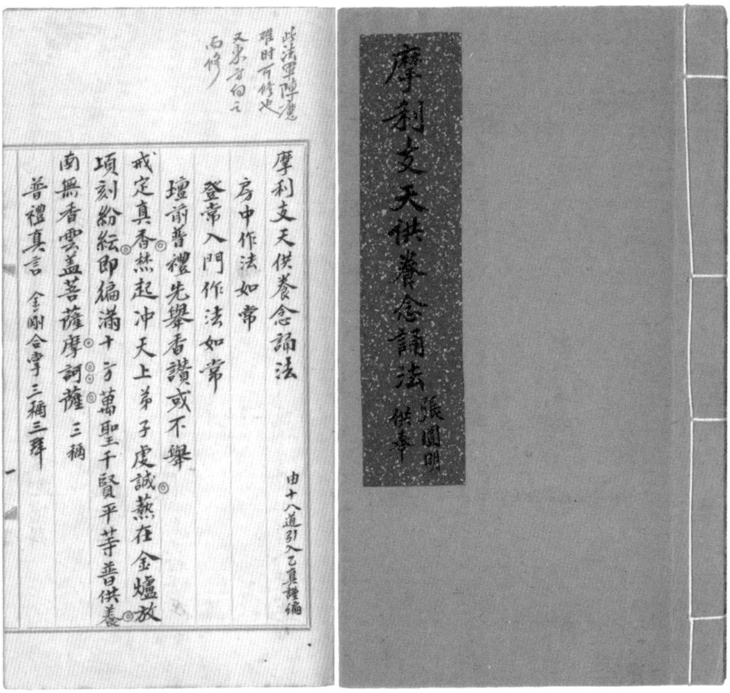

◆ 為中日戰事修持「摩利支天供養念誦法」

一九四四年甲申歲　七十二歲

一九四五年乙酉歲　七十三歲

一九四六年丙戌歲　七十四歲

約是年。回港定居，主持兩居士林林務。

一九四七年丁亥歲　七十五歲

二月廿八日，農曆二月初八日，佛出家日。師率領兩林弟子虔修地藏菩薩法四十九天，「追薦世界大戰各國一切直接間接死亡軍民人等，及過去一切各類靈儀，因天災、水旱、火焚、饑饉、瘟疫，以至西安輪船橫死孤魂等。」同時回向本林戶川憲戒大阿闍梨及林友黎瓔珞女士，蓮生上品。

五月二十日。師領導兩林弟子修持大虛空藏法，以祈復修兩林，重興道場，延傳法炬。舉表文云：「弟子等自維駑鈍，幸得人身，難遇佛教以皈依，又入真言之聖教，深愧未修宿福，道力衰微，業重福輕，環境每多荊棘，魔強法弱，度世殊少善緣，兩林之法化不行，辜負龍天擁護。溯自　黎大阿闍梨棲歸安養，失却導師，悲法燈之熖熄，痛慧日之雲遮，兩林風雨飄零，林眾多為業轉，加以世界大戰，林宇頹傾，佛座莊嚴，亦遭分裂，現欲重修殿宇，又缺資財，非求佛力以加持，曷可增益乎？伏冀

慈光普照，法力扶持，解除往昔之寃魔，求錫無疆之福祉，令我等身心清淨，世運亨通，多福、多壽、多財，無難、無災、無病。一聞千悟，頓開智慧之義天；五眼六通，疾證菩提之悉地。和平安享，善友雲來，法化興隆，道場吉慶，大闡真言教法，建立遍處輪壇。降伏眾魔，紹隆三寶，光宗耀祖，上報佛

聖之洪恩，繼往開來，傳授法燈於萬代。」

十一月十三日。將屆黎大阿闍梨冥壽之期，師領導兩林弟子修持經法，追念祖師師恩。並上表云：「鞠育劬勞，生我深恩為父母。導迷返覺，續吾慧命藉良師。故修三福為淨業之正因，報四恩乃行人之義務。爰有上乙下真黎大阿闍梨，是香港佛教真言宗男女居士林之始祖。扶桑求法，饒益眾生，本大菩薩之悲心，續真言宗之道脉，為四生之慈父，作三界之明燈。教啟金胎，度無量眾生而得道。精神不滅，歷千百載以常榮。弟子等幸入輪壇，深恩莫報，猶憶　本師妙湛，遺囑慇懃訓誨，勿忘密教重興，惜夫眾等障緣熾盛，業火塵勞，事未實行，難成法器，十年虛度，有違　師命有愧於言。」言辭懇切。

十一月廿七日，農曆十月十五日。兩林弟子奉修《無量壽佛如來供養儀軌》七天，為師祈禱康壽，消除冤愆阻礙。並奉佛上表文云：「爰有本師張阿闍梨上圓下明，乘慈願以出生，現女身而說法。少年守禮，克盡倫常。壯歲修行，稟佛家之戒律，入輪壇灌頂，法派豐山，啟蓮花藏心。專修淨土，作福善則不讓當仁，修觀行則精勤無怠，菩提大志，久而彌堅。眾等荷蒙引進，同登法壇。茲者師年古稀，入壇不易，弟子等理合代為修法，消除無始寃愆，嚴淨壇場，誦七天之密語，虔修供品，輸一片之精誠。更祈 佛聖垂恩，本尊護念，令吾師與弟子等，智珠朗耀，心月光明，晝夜吉祥，福星拱照。參禪入觀，見西方如在目前，果滿功圓，到樂邦如伸臂頃。一心不亂，預知時至，絕無病苦，心不貪戀，意不顛倒，捨報安詳，如入禪定。」反映師已體虛力弱，有捨報之兆。

一九四八年戊子歲　冥壽七十六歲

一月九日，農曆丁亥歲十一月廿九日，亥時。師安然示寂，世壽七十五歲。

香港佛教真言宗男女居士林發佈《張圓明阿闍梨赴告》，禮請高寶森、胡百全兩居士題字，江孔殷太史撰法象贊。

〈張圓明女居士大阿闍梨法像贊〉

善哉！靈穹勿圮，斗猲之有星辰；巨鼇不傾，坤輿之有土木。人牛金盡，長者造祇樹之林；大石山穿，居士建道場之屋。兩界化城有地，淨剎為家；千年住法無人，佛燈難續。茲有漏盡禪那，天台名宿，白業曾脩，元丈偶讀。門稱應付，未習四檀八教之儀；宅尚火居，不辨十誦五分之目。際此解脫有

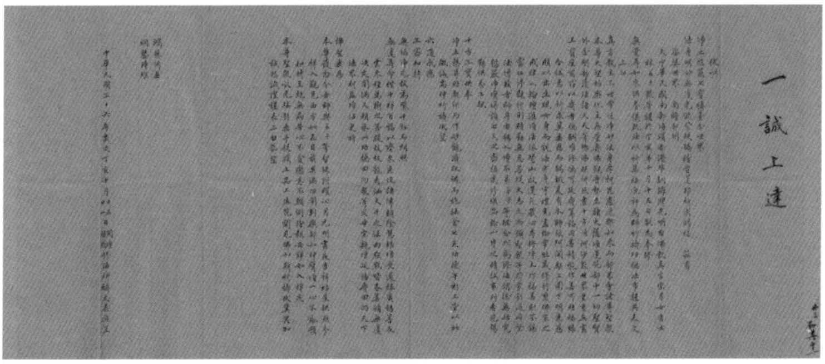

一九四七年兩林弟子為張阿闍梨上表祈福

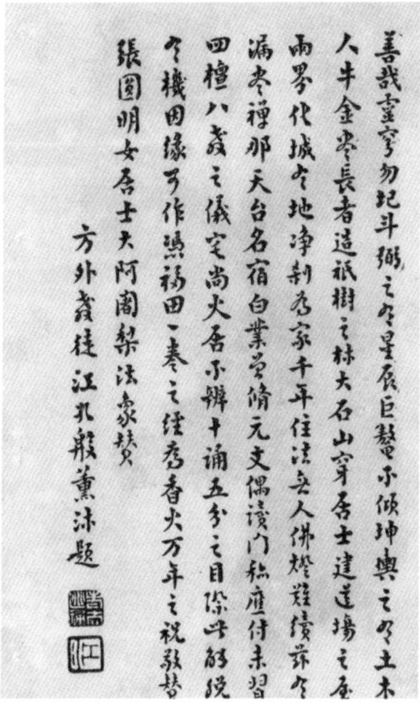

善哉靈窣勿圮斗㴑之宮星辰巨鼇不傾坤輿之宮土木
人牛金參長者造祇樹之林大石山穿居士建道場之屋
兩界化城之地淨剎為家千年住法無人佛燈難續薪之
滿參禪那天台名宿白業曾脩元文偶讀門私應付未習
四檀八義之儀定尚火居不辯十誦五分之目陰呼解脫
之機因緣可作憑福田一參之經為香火万年之祝敬贊
張圓明女居士大阿闍梨法象贊
方外義徒 江孔殷薰沐題

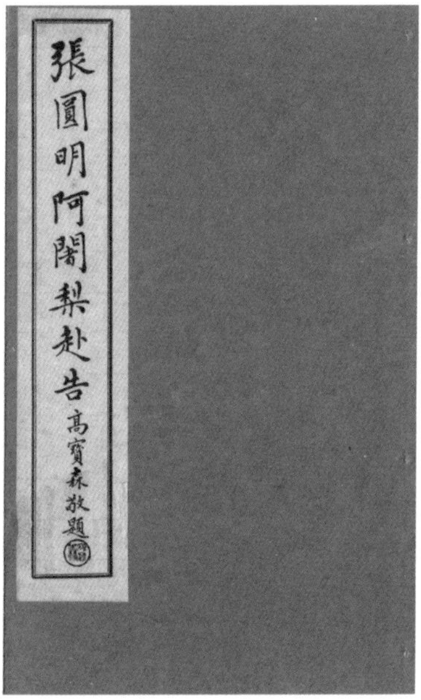

《張圓明阿闍梨赴告》

◆ 香港佛教真言宗女居士林為張阿闍梨設靈

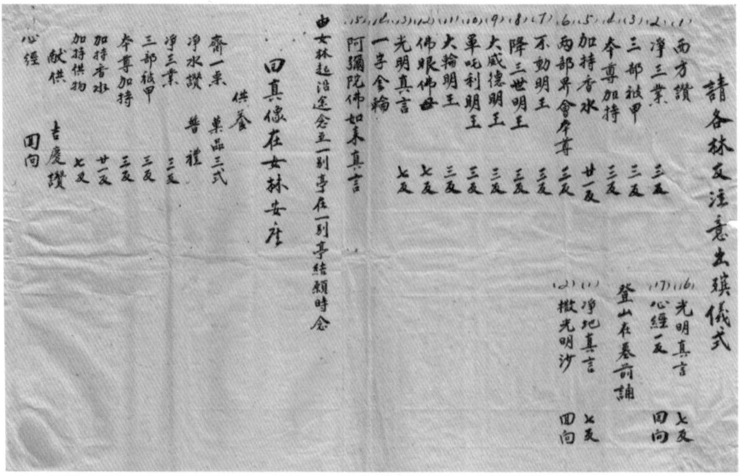

請各林友注意出殯儀式

(1) 西方讚 三反
(2) 淨三業 三反
(3) 三部被甲 三反
(4) 本尊加持 三反
(5) 加持香水 廿一反
(6) 兩部界會本尊 三反
(7) 不動明王 三反
(8) 降三世明王 三反
(9) 大威德明王 三反
(10) 軍吒利明王 三反
(11) 大輪明王 三反
(12) 佛眼佛母 七反
(13) 光明真言 七反
(14) 一字金輪
(15) 阿彌陀佛如來真言

(16) 光明真言 七反
(17) 心經一反 回向

登山在墓前誦

(1) 淨地真言 七反
(2) 撒光明沙 回向

由女林起沿途念五一別亭在一別亭結類時念

回真像在女林安座

供養

齋一案 菓品三式
淨水讚 普禮
淨三業 三反
三部被甲 三反
本尊加持 三反
加持香水 廿一反
加持供物 七反
獻供 吉慶讚
心經 回向

◆ 張阿闍梨出殯儀式告示

張阿闍梨出殯情況

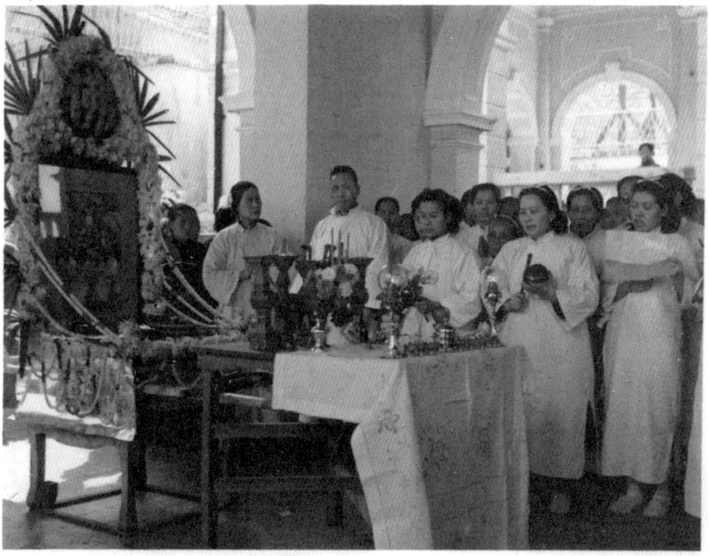

一別亭辭靈禮儀
第一行左起：陳麗如、周塵覺（婉卿）、黃弘瓊

機，因緣可作，憑福田一卷之經，為香火万年之祝。敬贊。

張圓明女居士大阿闍梨法象贊

方外教徒江孔殷薰沐題

一月十八日。兩林為師舉殯，與黎大阿闍梨合葬於香港仔華人永遠墳場。

一月廿九日。兩林修法，回向福智圓滿。

黃繩曾居士為師撰作〈本師讚〉：

張阿闍梨圓明師　福慧莊嚴甚希有　少能陟世樹楷模　中年出世故成就

女權職業事宏開　誘掖羣倫念本來　鉤牽攝入真言藏　香海波擎九品臺

檀施箄路啟雙林　翊贊黎師賡紹繼　剎那坐脫見心源　我誓修行今頂禮

願諸世界常安穩　無邊福智益羣生　所有罪障並消除　遠離眾苦歸圓寂

恒用戒香塗瑩體　常持定服以資身　菩提妙法遍莊嚴　隨所處處常安樂

五月八日。女林弟子承師遺命，將女居士林依《公司法》註冊立案，以資長遠管理及發展。得港督簽署准許免用「有限公司」字眼。

一九五二年壬辰歲　冥壽八十歲

農曆二月。師八秩明壽。五十二位弟子聯名繪贈佛像一幅致賀。

一九七一年辛亥歲　冥壽一百歲

二月廿八日，農曆二月初四日。欣逢師降生百週年，兩林舉行紀念法會，追念師恩，並設供上表，回向師尊福智圓滿。

◆ 張阿闍梨降生百週年慶典

◆ 張阿闍梨降生百週年慶典

張阿闍梨降生百週年慶典周塵覺中教正宣讀祭文
第一行左起：陳麗如、周塵覺中教正、麥錦麟、馮聘逑、李八依、郭徵賢

麥錦麟居士代表獻供

◆ 一九五二年張阿闍梨冥壽兩林弟子恭繪佛像祝賀

〈張師降生百年祝文〉

維

釋尊垂蹟二千五百一十五年歲次辛亥二月初四欣逢張大阿闍梨上圓下明　先

師嶽降百秩之辰，弟子眾等，謹獻香花清供，而敬祝曰：

春日祥和花似繡　金鑪寶篆清香透　趨蹌稽首張闍梨　功耀百年逢大壽

憶昔吾師創職業　浥師化雨恩稠疊　民風閉塞清末時　濟濟生徒皆受攝

賑物施財盡本衷　兵餘災後拯哀鴻　仰師廣播功德種　一脈心源淨土通

更摒潛居皈大日　加持三業成三密　闍梨晋位受袈裟　師祖權田為證實

盡捨家資作道場　莊嚴四曼法宏昌　清修淨女持嚴戒　喜接師光繼顯揚

盛德如師難盡計　師恩頤報宣宏誓　兩林弟子共紓誠　密法弘揚億萬世

善信如雲祝壽來　法筵梵讚響高臺　披黃曳紫崇師道　密土金蓮萬朵開

佛教真言宗男女居士林弟子眾等和南謹祝

同日刊行《張阿闍梨圓明女居士降生百年紀念大會刊》。曾璧山居士特為師百年紀念撰詩。

〈有懷真言宗女居士林先住持張圓明阿闍梨七截八首并序〉

張圓明女居士少時已篤信佛理，後更進修密乘，得扶桑大僧正贈與袈裟，遂正名阿闍梨。張圓明阿闍梨，創立真言宗女居士林，厥功至偉。辛亥二月，適逢張阿闍梨百年誕辰紀念，謹賦七截詩八章，以誌盛德。後學曾璧山。

其一

端莊淑德仰前賢，經籍精研樂少年，
孝行篤純遵母訓，承歡修道禮天仙。

其二

壯年繡結事翁姑，勤慎持家復相夫，
以是機緣聞佛理，真言從此樹楷模。

其三

治家餘暇善經營，承業運籌持計盈，
願望竟成償宿負，不求厚利與虛名。

其四

女權維護共提倡，創校育才教有方，
學行兼修成就廣，謀求職業為紅妝。

其五

和風甘雨德為鄰，路拾棄嬰種善因，
羊石水災倡賑濟，功高救活萬千人。

其六

潛修淨土創圓明，奉佛發心度有情，
青磬紅魚常作伴，杜門遠避煩囂聲。

其七

東傳密乘合修持，靜習閉關志不移，

得贈袈裟名義定，人人景仰阿闍梨。

其八

港島宏開居士林，法施功德似江深，

設醫興學傾財力，般若檀那傳古今。

一九八一年辛酉歲　冥壽一百零一歲

夏。青山佛教學校擴建校舍，香港佛教真言宗居士林并女居士林以黎、張兩大阿闍梨名義捐款一仟元，支持教育發展。

二零二一年

七月二日。敬為紀念創林祖師黎大阿闍梨及張阿闍梨降生一百五十年，真言宗居士林發起一百五十天奉修三百座事業，回報祖師恩德。

十一月二十八日「黎、張兩大阿闍梨降生一百五十年奉修事業」圓滿，一百五十天之期，集三十二名林友修集二十七種秘法，合九百七十九壇，至此結願，特集兩林林眾修持〈大日如供養法結願法要〉，奉告兩祖師。

二零二二年壬寅歲　冥壽一百五十歲

喜逢師降誕一百五十週年，兩林彙整祖師文獻文物，恭編《張圓明阿闍梨年譜》，感戴祖師恩澤，並昭彰盛德，用垂不朽。

編後語

猶記得在二零二一年二月，歐陽寶都老師提到為紀念黎乙真大阿闍梨及張圓明阿闍梨兩位祖師降生一百五十週年而計劃編製《年譜》，已邀得香港史學會總監鄧家宙博士為主編，隨即準備籌組工作小組並展開工作。轉眼間，編輯工作已到近尾聲，大家正期待《年譜》的面世。

回想最初，由鄧博士引導下，協助籌備小組訂立方向，先從兩林大廈各層的文物入手，搜集各種藏品如法本、卷軸、匾額、信件、相片等，逐一分類及建立存檔系統。初期，因持續發現不同類型的藏品，存檔系統亦因應需要作出調整。由於小組成員對文獻文物缺乏處理經驗，當面對大量又碎雜的物件，自會有種不知從何入手的感覺，但很快就得到指引和解決，我們逐一跟進，工作漸漸上軌道。而且從實踐中體會到小如抽櫃裡的一張紙片，或牆上掛着的書畫匾額等，就像拼圖一樣，每

樣都是還原歷史面貌的部件。繼而大家會為完成原整的「歷史拼圖」而感到歡欣，也會為尚未找到的零碎片段而努力尋找可行的方向。

就在這次「歷史拼圖」的過程中，每件文物都深刻反映着黎、張兩位祖師對信仰堅定的情操，不畏艱辛困難創立居士林，肩負闡揚東密的使命，將身心奉獻予宗教和社會福利事業，令人望而生敬，也加深我們對兩位祖師的認識與景仰。

工作小組經過十個月的努力，從海量的文獻中篩選合適的資料，並經反覆考證及校閱才編入年譜，最終編成完整書稿，交付出版社排印刊行。儘管過程艱辛，卻叫人振奮和期待。

過程中，發現兩位祖師的袈裟及鞋履，以至部分經本手稿、儀軌、紙本文獻等難敵歲月洗禮，遭到不同程度的損壞。加上經歷戰亂及兩林重建等，亦遺失了部份文物及文獻。由於編輯時間趕緊，只能為林內藏品進行簡單整理與保養。有了這次的經驗，無疑增加了

工作小組成員的經驗和信心，在《年譜》出版後，本小組將進行藏品整理及保存等後續工作，並盡力搜尋其他缺漏的資料，以求圓滿兩祖師及兩林之歷史，為二零二六年真言宗居士林百週年的紀念活動和編輯計劃而努力。

《黎乙真大阿闍梨年譜・張圓明阿闍梨年譜》工作小組組長

冼芷君敬識

二零二一年十一月二十八日

工作小組成員：
監修：香港佛教真言宗居士林主席歐陽寶都
主編：鄧家宙博士
成員：李科仁、卓泳佟、冼芷君、麥國豪、黃佩儀
彭楚芬、曾雲英、曾漢華、廖仲海、鍾妙珠（依姓氏筆劃序）

感恩護持：
香港佛教真言宗居士林董事局　香港佛教真言宗女居士林董事局
司徒洪、余彩霞、翁惠萍、梁子文、鄧秀群、劉少媚、蕭家駒、羅細琼
（依姓氏筆劃序）

參考資料

- 胡翼南著，《胡翼南先生全集》。香港，聚珍書樓，一九一七年。
- 田中文雄、川城孝道編集，《華南巡錫》（復刻版）。日本東京，真言宗豊山派大本山護國寺，二零零九年。
- 《思明縣佛教會會刊》第二輯。福建，思明縣佛教會，民國二十一年。
- 現代仏教情報事典編纂委員會編，《現代仏教情報事典》。日本京都，法藏館，二零零五年十月十五日。
- 陳繼東著，《小栗栖香頂之清末中國體驗：近代日中仏教交流之開端》。日本東京，山喜房佛書林，平成二十八年三月。
- 總本山長谷寺文化財等保存調查委員會編，《豊山長谷寺拾遺・第二輯版本》。
- 林亮勝、坂木正仁著，《長谷寺略史》。日本一九九三年。

● 伊豆宥法編，《新義真言宗大觀》。日本東京，新義真言宗大觀刊行會，大正十年三月。
● 中屋宗壽著，《民衆救済と仏教の歴史》。日本，郁朋社，二零零六年。
●《真言宗豊山派教化センタI紀要》。日本，真言宗豊山派教化センタI，平成八年。
● 田中海応，岡田契昌編，《豊山全書》。日本東京，豊山全書刊行會，昭和十二年。
● 平岡貞著，《平岡貞自傳》。日本東京，主婦之友出版社，昭和五十年五月。
● 張曼濤主編，《中日佛教關係研究》。台灣，大乘文化出版社，一九七八年。
● 左舜生著，《近代中日關係史綱要》。香港，商務印書館，二零一一年。

- 陳步墀著，黃坤堯編，《繡詩樓集》。香港中文大學出版社，二零零七年。
- 呂建福著，《中國密教史》。中國社會科學出版社，一九九五年。
- 真雄吉祥著，《印度支那密教史》。日本，二松堂書店，昭和四年。
- 大西総治，《鄉土先賢之道芳》。日本，西越村公民館，昭和三十年。
- 鄧家宙著，《香港佛教史》。香港，中華書局，二零一五年。
- 《香港華字日報》、《工商日報》、《工商晚報》、《天光報》、《華僑日報》。

編者簡介

鄧家宙博士

新亞研究所博士，現職香港史學會執行總監，大學講師、《溫暖人間》專欄作者。兼任香港民政事務局博物館諮詢委員會（歷史組）委員、勞工及福利局戰爭紀念撫恤金顧問委員會委員。

資深佛學導師，專注香港史、佛教史、宗教信俗及碑銘研究。編著《香港佛教史》、《香港佛教碑銘彙編：港島、九龍及離島》、《香港華籍名人墓銘集：港島篇》、《菩提葉茂：香江佛門人物志》、《百善義為先：東華義莊一百二十週年紀念簡史》、《佛教律學概要》、《佛教與香港社會發展暨文物調查報告》、《香港地區報：十八區文藝地圖》近二十本專著。曾膺獲第十一屆香港書獎及第二十九屆印藝大獎優秀出版大獎（最佳出版意念）。